El periódico de la democracia

Javier Cercas nació en Ibahernando, Cáceres, en 1962. Su obra incluye las novelas *El móvil*, *El inquilino*, *El vientre de la ballena*, *Soldados de Salamina*, *La velocidad de la luz*, *Anatomía de un instante*, *Las leyes de la frontera*, *El impostor*, *El monarca de las sombras* y el tríptico de la Terra Alta, compuesto por *Terra Alta*, *Independencia* y *El castillo de Barbazul*. Sus libros se han traducido a más de treinta idiomas y han obtenido en todo el mundo importantes galardones, entre otros el Premio Nacional en España, el Independent Foreign Fiction Prize en el Reino Unido, el Grinzane Cavour en Italia, el Prix Méditerranée en Francia, el Premio de la Crítica en Chile, el Correntes d'Escritas en Portugal, el Athens European Prize for Literature en Grecia o el Taofen en China. Ha recibido, además, premios muy prestigiosos de ensayo y periodismo, y diversos reconocimientos internacionales al conjunto de su carrera.

Es miembro de la Real Academia. Con *El loco de Dios en el fin del mundo*, su libro más reciente, ha obtenido por segunda vez el Premio al Libro Europeo.

JAVIER CERCAS

El periódico de la democracia

Una historia personal de El País

RANDOM HOUSE

Penguin
Random House
Grupo Editorial

El periódico de la democracia
Una historia personal de El País

Primera edición: junio de 2026

penguinlibros.com

César Lucas, VEGAP, Barcelona, 2026, por la fotografía de portada

ISBN: 979-8-89098-816-4

Impreso en Colombia – *Printed in Colombia*

Para Raül Cercas y Mercè Mas

Que ne peut-on vivre dans une
tour d'ivoire!

GUSTAVE FLAUBERT,
carta a Louise Colet,
4 de septiembre de 1852

1

Ocurrió a principios de los años noventa. Una mañana llamaron por teléfono a mi casa y un desconocido me preguntó si estaba interesado en escribir en *El País*. Me quedé atónito: aún no había cumplido los treinta años, vivía en Gerona, daba clases de literatura en la universidad, apenas había escrito en la prensa y solo había publicado, en una editorial medio secreta, dos novelitas que no había leído nadie, salvo mis padres, alguna de mis hermanas y un par de amigos. El desconocido repitió su pregunta; por supuesto, contesté que sí. Guardo un recuerdo brumoso del resto de la llamada; lo único que recuerdo con claridad es que, antes de que acabase, el hombre me anunció que un redactor se pondría muy pronto en contacto conmigo para perfilar los pormenores de mi colaboración en el periódico.

Al colgar el teléfono cambié en cuestión de segundos el asombro por la incredulidad y la incredulidad por la euforia. Era alucinante: iba a escribir en el periódico que leía desde que leía periódicos, el periódico donde siempre había querido escribir y donde todo el mundo quería escribir, el periódico más relevante y más leído de mi lengua, el periódico que había plantado cara a los golpistas el 23 de febrero de 1981, el periódico de García Márquez y de Vargas Llosa, de Pradera y de Cebrián, de Umbral y de Savater. Me asombró la capacidad de *El País* para detectar el talento allá donde se encontrase, incluido un escritor sin lectores extraviado en una pequeña capital de provincias, un tipo que no conocía a nadie en el mundo intelectual y periodístico español, qué antenas infalibles, qué olfato prodigioso, ahora entendía por qué Aranguren había definido a *El País* como «el intelectual colectivo»... Aún estaba dando saltos de alegría cuando volvió a sonar el teléfono. Lo descolgué convencido de que era un redactor de *El País*; era mi hermana Sofía. «¿A que no sabes quién me acaba de llamar?», pregunté, exultante. «Claro que lo sé, idiota», respondió Sofía. «¿Sabes qué día es hoy?». No me dio tiempo de pensarlo. «28 de diciembre, Día de los Inocentes», dijo. «Y quien te acaba de llamar es uno de mis compañeros del trabajo». Antes de que yo pudiera reaccionar, añadió: «Pero tranquilo: algún día no será una broma, algún día te llamarán de *El País*».

2

El primer número de *El País* salió a la calle el 4 de mayo de 1976. Aún no se habían cumplido seis meses de la muerte de Franco, los partidos políticos todavía eran ilegales en España y, en rigor, aún no había empezado el cambio de la dictadura a la democracia, eso que más tarde se dio en llamar Transición. «Fue el primer partido no político sino cultural que se legalizó en España», dijo más tarde Fernando Savater, que escribió en el periódico desde el principio. Es verdad. Pero no es menos verdad que, a su modo, *El País* fue también desde el principio un partido político, o al menos tuvo una robusta dimensión política: la prueba es que sin *El País* no puede entenderse el cambio de la dictadura a la democracia en España; tampoco la democracia a secas.

La idea del periódico se incubó entre un grupo de editores e intelectuales que, en las postrimerías del franquismo, buscaba un instrumento de reforma del régimen, de talante liberal y vocación europeísta, que contribuyera a suturar las heridas provocadas por la Guerra Civil y la dictadura y a hallar una salida sin traumas del franquismo. Uno de los editores era José Ortega Spottorno, creador de Alianza Editorial, director de *Revista de Occidente* e hijo de Ortega y Gasset, un hombre empeñado en impulsar el legado intelectual de su padre; otro, Jesús de Polanco, muy pronto convertido en hombre fuerte empresarial del proyecto. Por su parte, los intelectuales más relevantes patrocinaban a dos notorios políticos del franquismo poseídos por la ambición de liderar el posfranquismo: José María de Areilza y Manuel Fraga Iribarne (a este, sobre todo: de hecho, durante el lustro en que germinó el periódico, muchos lo conocían en Madrid como «El periódico de Fraga»). Así se gestó *El País*: como un diario moderado, reformista y liberal en cuyo accionariado cabía un poco de todo –incluidos varios nacionalistas catalanes y un comunista: Ramón Tamames–, pero donde dominaban fraguistas de estricta observancia, liberales orteguianos y monárquicos juanistas, adeptos al padre de Juan Carlos I.

La mayor parte de estos accionistas originarios empezó a sentirse ideológicamente decepcionada (si no traicionada) en cuanto empezó a publicarse el periódico, cuyo primer número llevaba en portada un editorial categórico donde se pedía la dimisión del último presidente del Gobierno del franquismo y primero del posfranquismo –una momia de la dictadura llamada Carlos Arias Navarro–, la legalización de los partidos políticos y el establecimiento de una democracia plena, y en cuyas páginas de opinión podía leerse un artículo del comunista Rafael Alberti, escrito todavía desde su exilio obligado en Roma. Esta disonancia inmediata entre el proyecto primigenio de *El País* y su realidad cotidiana no hizo sino acentuarse con el tiempo: el periódico se volvió más demócrata, más radical, menos moderado y más izquierdista, sobre todo a partir de finales de los años setenta, cuando lo frecuentaron cada vez más colaboradores de izquierdas y menos de derechas, hasta que estos últimos (periodistas como Emilio Romero o historiadores como Ricardo de la Cierva) casi desaparecieron de sus páginas; la clave de esta discrepancia radicaba en otra discrepancia: la que separa a unos promotores y un accionariado maduro o envejecido y eminentemente conservador, de un lado, y del otro una redacción jovencísima –la media de edad era de veintinueve años–, de izquierda o incluso de extrema izquierda, alborotada por los vientos libertarios de mayo del 68 francés y liderada por un periodista brillante, flexible y experimentado, que apenas sobrepasaba los treinta años, Juan Luis Cebrián, a quien habían elegido para el cargo de director tras ser descartados (o descartarse) diversos candidatos, entre ellos Miguel Delibes. Dicho con más claridad: lo que ocurrió en los primeros tiempos de *El País* fue un hecho que resultó determinante en su historia, y es que los periodistas se impusieron a los propietarios del periódico y lo llevaron por donde ellos querían; esto no hubiera sucedido, sin embargo, si Polanco y Cebrián no hubieran firmado desde muy pronto un pacto de hierro («Tú te ocupas de los accionistas; yo de la redacción») y si el éxito del periódico no hubiera demostrado que el camino emprendido por los periodistas era el correcto y, por lo tanto, hubiera asegurado su independencia, que es el bien más preciado de un periódico, aquel que solo los lectores le pueden proporcionar con su respaldo cotidiano. Por supuesto, la victoria de los periodistas sobre los propietarios no fue total ni se produjo sin tensiones, ni de un día para otro; la historia fue mucho más compleja: solo diré que durante los años inmediatamente posteriores a la aparición del periódico se libró una áspera batalla entre propietarios, dirección y redacción que terminó en 1983, cuando todas las partes firmaron un acuerdo de paz que se tradujo en el Estatuto de la Redacción (aún a día de hoy único en su especie entre los grandes medios españoles) y establecía un cierto equilibrio entre los derechos de los dueños del periódico y los de los profesionales del periódico.

El caso es que *El País* cosechó un éxito fulminante: como escribió en 1991 Gregorio Morán, en muy poco tiempo se había convertido «en el órgano de prensa más influyente, mejor hecho y más vendido de España», y pocos años después de su nacimiento no faltaba quien lo calificase de «poder fáctico»; en 1977 el Comité Internacional de Comunicación de Masas de la Unesco lo consideró el fenómeno periodístico más relevante aparecido en Europa el año anterior. ¿Qué explicación tiene esto? No una sola, por supuesto. Manuel Vicent, que escribe en el periódico desde su fundación, ha ponderado a menudo la importancia del momento del parto de *El País*, justo después de la muerte del dictador. «El periódico había nacido libre de pecado original, ya que el estigma de Franco no había dañado su mancheta», escribió. «*El País* no habría sido el mismo si hubiera soportado la humillación de cubrir el fiambre del dictador con epítetos elogiosos en el acto de las exequias, cuando toda la prensa tuvo que sumarse a la melosa voz del cardenal de Toledo para exaltar a Franco hasta mucho más allá de la tumba». Así es: *El País* fue el primer periódico del posfranquismo y no cabía acusarlo de haber colaborado con él;* no hubiera podido decirse lo mismo, en cambio, de sus principales promotores, que surgían de las entrañas mismas del franquismo, ya fueran sus promotores políticos (Fraga, Areilza), empresariales (Ortega, Polanco) o incluso periodísticos: sin ir más lejos, Cebrián era hijo de Vicente Cebrián –hasta 1960 director de *Arriba*, órgano de prensa de Falange–, había empezado a trabajar en un diario del Movimiento, el partido único franquista –*Pueblo*– y, después de participar en la fundación de una revista democristiana y aperturista sin haber cumplido los veinte años –*Cuadernos para el diálogo*–, había dirigido los Servicios Informativos de Televisión Española, verosímilmente encandilado por las promesas fraudulentas de democratización del último gobierno de Franco. Nada de esto es insólito: la dictadura

* Un detalle ilustrativo: la autorización legal para editar el periódico se obtuvo semanas antes del fallecimiento del dictador, el 20 de noviembre de 1975, pero no se hizo pública hasta diez días después de su muerte.

española no duró siete años, como la postrera argentina, ni siquiera diecisiete, como la última chilena, y por eso compararla sin muchos distingos con ambas, como se hace a menudo, desorienta más que orienta; la dictadura de Franco duró cuarenta años, y por eso –y porque no hubo una ruptura completa entre dictadura y democracia, suponiendo que tal cosa sea posible– no es extraño que muchos de los principales constructores de la democracia procedieran del franquismo: baste recordar que Adolfo Suárez, el arquitecto del cambio de la dictadura a la democracia, realizó toda su carrera política en el Movimiento, organización de la que era ministro secretario general en julio de 1976, cuando Juan Carlos I lo nombró presidente del Gobierno y arrancó la Transición. Esta singularidad española la explicaba un editorial de *El País* publicado pocos meses después de su botadura, el 18 de septiembre de 1977: «Encontrar un enorme porcentaje de colaboradores con el franquismo entre los que hoy protagonizan el cambio democrático es algo perfectamente normal, teniendo en cuenta que el setenta por ciento de la sociedad española ha nacido y vivido bajo el régimen implacable de una dictadura que no permitía más que la integración o la marginación». No es extraño, no. O solo es tan extraño como la propia historia de España.

Pero la oportunidad histórica no basta para dar cuenta de la fortuna inicial de *El País*. Cuando ya llevaba años lejos del periódico con el que se había hecho célebre, y enemistado con él, Francisco Umbral explicaba el triunfo instantáneo de *El País* con el argumento de que, para obtenerlo, su director «no tuvo sino que recoger una bandera que estaba tirada en mitad de la calle, y por encima de la cual habían pasado, sin verla, las multitudes del funeral franquista: era la bandera de las libertades, la democracia, el progresismo y el futuro». Y concluía: «Cebrián tuvo dos talentos: recoger esa bandera antes que nadie y hacer con ella un periódico pulcro, europeo, objetivo, imparcial, democrático». El diagnóstico es convincente. Richard Rorty escribió que el éxito de un libro es a menudo el resultado de la conjunción azarosa entre las obsesiones privadas de un escritor y las necesidades públicas de una sociedad. Quizá algo semejante pueda decirse del éxito de un periódico. No hay duda de que, a mediados de los años setenta, un grupo de personas se obsesionó en España con fabricar un periódico «de alta calidad, comparable a cualquiera de los grandes rotativos del mundo, que ayudara a la construcción democrática y la renovación cultural del país», como escribió Cebrián en sus memorias, un periódico «como *Le Monde* o como *The New*

York Times, a la vez crítico e institucional, que pudiera ayudar en las tareas del cambio político que se necesitaba», el periódico democrático, imparcial, objetivo, europeo y pulcro que evocaba Umbral; tampoco hay duda de que ese periódico vino a satisfacer una necesidad pública, una urgencia que nadie sabía que existía o que nadie supo con seguridad que existía hasta que *El País* demostró que existía. En otras palabras: el empuje ilustrado, democrático y progresista que *El País* encarnaba vino a llenar en España un hueco que nadie salvo algunas revistas había intentado llenar, lo que explica que tales publicaciones –*Triunfo*, *Cuadernos para el diálogo*, *Cambio 16*– fueran muy pronto neutralizadas o absorbidas por la pujanza omnívora de *El País*; con todos los matices que se quiera, es más o menos el mismo hueco que a partir de las primeras elecciones generales, celebradas en junio de 1977, empezaría a ocupar para sorpresa de muchos el PSOE reconstruido y juvenil de Felipe González. De ahí que *El País* y el PSOE hayan descrito a lo largo de estos cincuenta años de democracia trayectorias paralelas y a menudo confluyentes; de ahí que el PSOE sea el partido más próximo a *El País* y *El País* el periódico más próximo al PSOE: ambos han personificado, cada uno a su manera, una modernidad laica, liberal y europeísta y un progresismo con el que se ha identificado gran parte de la ciudadanía española; de ahí que, cada vez que el PSOE llega al poder, *El País* sea tachado de «periódico gubernamental», y de ahí también que los gobiernos del PSOE (pero no solo los gobiernos del PSOE) hayan hecho todo lo posible por controlar *El País*: al fin y al cabo, el poder siempre trata de controlar a la prensa, sobre todo a la prensa más cercana. En definitiva: igual que la democracia española no se puede entender sin el PSOE (que ha sido el partido mayoritario en estos cincuenta años de democracia, el que más poder ha acumulado y el que más tiempo ha permanecido en el Gobierno), la democracia española no se puede entender sin *El País* (que ha sido el periódico con más poder e influencia en estos cincuenta años de democracia). Por eso *El País* es el periódico de la democracia.

3

No recuerdo cuándo empecé a leer *El País*. No pudo ser en 1976, en el momento de su aparición, porque yo entonces tenía catorce años y en mi casa no se compraban periódicos, no al menos de manera regular. Pudo ser en 1977, o en 1978; en todo caso, al año siguiente, cuando ingresé en la universidad, ya lo leía a diario. Desde entonces no he dejado de hacerlo, ni siquiera a finales de los años ochenta, mientras vivía en Estados Unidos y, como los periódicos norteamericanos no decían una palabra de lo que ocurría en España –ni siquiera *The New York Times*–, me suscribí a la edición internacional de *El País*, una versión hebdomadaria en papel biblia que recogía lo mejor del periódico y que yo leía y releía cada semana hasta la última letra, con la avidez insaciable del expatriado. Dicho esto, quizá sea superfluo preguntarse hasta qué punto ha influido *El País* sobre mí y sobre mi generación –la que nació a la vida moral con el fin del franquismo y el inicio de la democracia, para muchos de cuyos miembros *El País* fue su primer periódico–, cómo ha modelado nuestras ideas, nuestros gustos, nuestras creencias, nuestra manera de ver el mundo e incluso nuestras manías personales: es imposible que un periódico leído a diario durante casi cincuenta años no haya contribuido de manera decisiva a configurar nuestra identidad.

¿Por qué me convertí en un lector de *El País*? ¿Qué pudo atraer de aquel periódico inaugural a un adolescente de provincias con inquietudes intelectuales, y a tantos otros como él?

Hacia 1978 o 1979, dos o tres años después de su alumbramiento, *El País* ya era una moda, un emblema, un signo de distinción, un fetiche político e intelectual; se ha dicho a menudo, pero quizá nadie lo ha dicho mejor que Vicent. «Los progresistas llevaban *El País* bajo el brazo», escribió al cabo de una década de la aparición del diario. «Era un guiño ideológico, una señal para reconocer a los tuyos al pie del quiosco, en las cafeterías, en el autobús [...]. En aquel momento los jóvenes rebeldes llevaban *El País* incluso hasta los lugares de batalla». Está claro que, en medio de una prensa todavía cubierta por la pátina casposa del franquismo, el periódico ofrecía una imagen flamante de modernidad y albergaba numerosas novedades objetivas: su diseño germánico, claro, sobrio y funcional; el tratamiento anglosajón de la noticia, con sus titulares descriptivos y analíticos y su «flash de racionalidad», por usar una expresión de Umbral («*El País* titula informando», sintetizaba el escritor. «Mientras otros titulan opinando»); el rasgo entonces anómalo de que el periódico se abriera por las páginas dedicadas a la política internacional, lo que delataba su vocación cosmopolita y europeísta; o un *Libro de estilo* no menos singular, diseñado para imponer un estilo uniforme que fuera casi una ausencia de estilo. Con estas herramientas *El País* se impuso casi enseguida como el periódico intelectual y progresista, si no directamente de izquierdas, y por eso J. L. Aranguren –uno de los pensadores españoles más acreditados de la época– lo calificó en un artículo célebre como «el intelectual colectivo»: porque sus páginas se erigieron enseguida para muchos en el lugar donde tratar de entender una realidad nueva y porque, leyéndolo, muchos empezaron a considerar verosímil una España sin franquismo, democrática, europea, próspera y moderna, reconciliada consigo misma tras cuarenta años de dictadura.

Nada de lo dicho hasta aquí es falso, me parece, pero quizá no basta para explicar por qué me convertí muy pronto en un lector de *El País*. Arriesgo una hipótesis que tal vez completa lo anterior. Casi desde el principio, *El País* fue en esencia un periódico políticamente socialdemócrata y culturalmente ácrata o libertario. Es posible que esa escisión fuera un reflejo de mi propia escisión juvenil, como si *El País* fuese un espejo de mí mismo o como si, a base de frecuentar sus páginas, yo me hubiera convertido en un espejo de *El País*: a mis diecisiete o dieciocho años yo era –más vale reconocerlo– un buen chico, un buen estudiante, un lector encarnizado, un cinéfilo compulsivo y un aspirante secreto a escritor; pero también era un adolescente noctámbulo, porrero, rockero y cervecero. Un periódico es una partitura, y es el lector quien la interpreta, y cada lector la interpreta a su manera, lo que significa que cada lector crea su propio periódico. En el que yo me creé a finales de los setenta y principios de los ochenta convivían la seriedad informativa anglosajona y la irreverencia cultural afrancesada, el respeto de las reglas, que es la esencia de la democracia, y el gusto por la transgresión, que es la esencia del arte, la objetividad y la subjetividad, la formalidad y el desmadre, el periodismo y la literatura.

Fuera o no mi espejo, ese fue *El País* que yo empecé a leer.

El espinazo de aquel periódico forjado a mi imagen y semejanza lo formaban Cebrián, Pradera, Savater y Umbral. Cebrián y Pradera ponían la seriedad; Savater y Umbral, la irreverencia. A Cebrián ya me he referido. Pradera era un antiguo militante comunista de familia franquista y padre fusilado en la guerra por los republicanos, cuyo paso por las cárceles de la dictadura y cuya labor al frente de editoriales decisivas, como Alianza Editorial, le habían granjeado un respeto irrestricto entre la generación de Cebrián, quien lo nombró primer director de Opinión; como tal –y también como principal editorialista durante muchos años–, Pradera se erigió en la eminencia gris de la Transición, en su «disco duro», como lo llamó Felipe González, tal vez sin exagerar demasiado. Por su parte, Savater era un pensador precocísimo que, a sus veintinueve años, cuando el periódico empezó a circular y él a escribir en sus páginas, ya había publicado seis libros vibrantes y que, por lo menos a mis ojos, imprimió a *El País* un ímpetu volteriano, libertario y gozosamente anticlerical, una alegría nietzscheana, heterodoxa, desprejuiciada, arrebatadora. Y por supuesto, *last but not least*, estaba Umbral, el único columnista diario del periódico.

Como tantos lectores de la época, yo empezaba a leer *El País* por «Spleen de Madrid», la columna de Umbral (y a veces terminaba de leerlo por ella: de algún modo, leer la columna de Umbral era, ya, haber leído el periódico). En teoría no era una columna política, pero trataba de política; en teoría no era una columna cultural, pero trataba de cultura; en teoría era una columna de sociedad, y lo era de verdad: por ella desfilaba el *tout* Madrid –quien no existía en las negritas consuetudinarias de la columna de Umbral no existía–, desde artistas, plumíferos y políticos hasta el panadero de la esquina o damas de sociedad que, como Pitita Ridruejo, nadie sabía quiénes eran salvo por la columna de Umbral. Este era un género literario en sí mismo: cada una de sus piezas contenía una idea, una emoción y una historia; en cada una de ellas Umbral quemaba un ensayo, un poema y un relato. Pero lo mejor, por supuesto, era la prosa, una prosa barroca, urgente, gamberra y callejera, al mismo tiempo culta y popular, empedrada de endecasílabos y de greguerías, impregnada de Quevedo, de Larra, de Valle-Inclán, de Gómez de la Serna, de González Ruano y de Cela, una prosa cosida a un Madrid insomne, castizo, urbano, multitudinario y fantasmal, que parecía una ciudad inventada (eso es lo que hacen con las ciudades los escritores auténticos: inventárselas). Umbral, en suma, era la estrella indiscutible de aquel periódico. Umbral, tío, tronco, era demasié.

(Conocí a Umbral muchos años después, a finales de los noventa, cuando su estrella declinaba y él mismo parecía un poco evanescente. Acudió a pronunciar una conferencia a la Universidad de Barcelona, y la organizadora, Anna Caballé, que preparaba una biografía sobre él, me pidió que los acompañara a cenar. «Eres la única persona en Barcelona que ha leído todos los libros de Umbral», bromeó. «Puede ser», me reí. «He leído más libros de Umbral que el propio Umbral, que estaba demasiado ocupado escribiéndolos». La conferencia versó sobre el arte de escribir diarios; Umbral, que había escrito algunos de los mejores publicados en este país durante los últimos cincuenta años, estuvo brillante.* Luego hubo una cena. Al principio, el columnista legendario de la Transición pareció nervioso, inseguro, o tal vez incómodo. No paraba de hablar de un novelista de moda que, según él, le plagiaba, aunque sospecho

* La brillantez de Umbral no ofrece dudas. Era un poeta en prosa y adoraba a Jorge Guillén, vallisoletano como él. «No se puede jugar y juzgar», le dijo en alguna ocasión el poeta del 27, recriminándole sin animosidad alguna de sus columnas. «Es lo que acaba de hacer usted, maestro», le contestó Umbral.

que el novelista estaba tan de moda que lo que en realidad ocurría es que Umbral estaba celoso de él. Hasta que en determinado momento lo interrumpí, le dije la verdad: que el famoso novelista no nos interesaba nada. «Aquí hemos venido a hablar de Umbral», agregué, muy umbralianamente. Me miró sin entender; luego sonrió, quizá más desorientado que halagado por mi afirmación, por lo demás del todo sincera. Durante el resto de la cena me pareció un hombre diferente, más tranquilo, un poco desvalido, un poco extraviado, en todo caso ajeno al personaje que él mismo se había construido durante décadas, el dandi madrileño, ególatra y petulante, con su gabán de invierno, su bufanda perpetua, sus gafas de culo de botella, sus salidas de tono, su voz de trueno y su dacha en Majadahonda, con la piscina desbordante de libros condenados; un personaje que, en realidad, era una máscara que ocultaba al Umbral auténtico: el hombre tímido, vulnerable e introvertido que solo asoma en sus diarios, y que durante aquella noche única me pareció vislumbrar. Nunca más volví a verlo).

4

Borges escribió que «cualquier destino, por largo y complicado que sea, consta en realidad de un solo momento: el momento en que el hombre sabe para siempre quién es». Es posible que la frase no solo valga para las personas, sino también para los periódicos; si es así, *El País* supo para siempre quién era durante la tarde y la noche del 23 de febrero de 1981.

El golpe de Estado del 23 de febrero es el mito fundacional de la democracia española; como cualquier mito, está trenzado de mentiras y verdades, de hechos y fantasías, la principal de las cuales afirma que fue un golpe de opereta, casi cómico o grotesco, mal preparado, en gran parte improvisado y carente de la más mínima posibilidad de triunfar. Es un disparate. El golpe del 23 de febrero solo puede parecer cómico porque, como dice la ecuación acuñada por

Woody Allen, «tragedia + tiempo = comedia»; y solo puede parecer grotesco porque, una vez fracasada la intentona, la escena del teniente coronel Tejero blandiendo su pistola reglamentaria en el hemiciclo del Congreso, con su tricornio charolado y su frondoso mostachón, parece recién salida de una película de Luis García Berlanga (o de un poema de García Lorca escrito por los hermanos Álvarez Quintero): la encarnación redonda, anacrónica y caricaturesca de la España negra. Las grandes mentiras se fabrican con pequeñas verdades: es cierto que el golpe estuvo mal preparado y que en gran parte se improvisó (poquísimas personas sabían con antelación cómo, dónde y cuándo iba a desencadenarse); pero es falso que no tuviera ninguna posibilidad de triunfar. Al contrario. A las seis y media de aquella tarde –cuando Tejero y sus guardias civiles tomaron el Congreso y secuestraron al Gobierno y a los diputados reunidos al completo en el hemiciclo para elegir al segundo presidente de la democracia y, casi al mismo tiempo, el capitán general Milans del Bosch declaraba el estado de guerra en la región militar de Valencia y se insubordinaba contra la legalidad democrática a la espera de que sus compañeros lo imitaran y el resto de aquel ejército sustancialmente franquista se sumase a la rebelión–, todo parecía maduro en España para el triunfo del golpe; un golpe que cancelase la flamante democracia e inaugurase algo distinto: no una dictadura militar semejante a la franquista (según soñaba Tejero), ni tampoco una dictadura apuntalada por el rey como la de Primo de Rivera (según soñaba Milans), pero sí un gobierno de coalición presidido por un militar que, también con el beneplácito del monarca, convirtiese la democracia en una semidemocracia (según soñaba el líder último del golpe: el general Alfonso Armada). Dos razones explican sobre todo que el país estuviera en apariencia maduro para la victoria de los golpistas: la primera es que, tras un periodo de consenso político impulsado por la urgencia de desmantelar la dictadura y construir la democracia, desde 1979 España vivía un periodo de gran disenso, extrema polarización política y sensación de desbarajuste general, acelerada por el descrédito progresivo de Adolfo Suárez y sus gobiernos; la segunda razón es que, tras unos años de entusiasmo por la democracia, el país vivía un momento de desencanto provocado no solo por el caos gubernativo, sino también por una crisis económica brutal y un terrorismo salvaje (sobre todo de ETA, que en 1980 acabó con más vidas que en cualquiera de sus cincuenta y ocho años de existencia). Así las cosas, no extrañará que muchos, en España y fuera de España, no vieran con malos ojos algún tipo de rectificación de la democracia (por eso el Departamento de Estado de Estados Unidos no repudió de entrada el golpe y lo calificó de «asunto interno»); tampoco extrañará que, cuando por fin se lanzó el golpe, muy pocos estuvieran dispuestos a jugarse el tipo por la democracia.

Entre ellos estuvo *El País*. Contamos con numerosos testimonios de lo ocurrido en el periódico durante aquellas horas cruciales; el más útil es el de su director: un testimonio que puede completarse con otros, pero que nadie ha desmentido o corregido en lo esencial.

Aquella tarde Cebrián llegó al periódico después de lo acostumbrado; era una tarde sin periódicos: por entonces no se publicaba prensa escrita el primer día de la semana (solo la *Hoja del Lunes*, editada por las asociaciones de prensa provinciales). Cebrián venía de celebrar el cumpleaños de su pareja, y a las seis y media se hallaba entrevistando a un aspirante a colaborador del diario cuando le avisaron de lo que estaba ocurriendo en el Congreso. Su despacho se llenó de inmediato: además de Ortega Spottorno, de Polanco y del director gerente, Javier Baviano, lo abarrotaban subdirectores, redactores jefe, periodistas, representantes del aparato administrativo y comercial. «Ya se había hecho público el bando del general Milans del Bosch declarando el estado de guerra y alzándose en traición contra el Estado», recordaba quince años más tarde Cebrián. «No cabían dudas, pues, de la magnitud y características del golpe, y nos llegaban noticias de que una columna de blindados avanzaba hacia el edificio del periódico, del que habíamos cerrado las puertas prohibiendo el acceso a todo el que no fuera empleado de la casa. En mi despacho se discutía acaloradamente. Había quien prefería esperar acontecimientos y quien pretendía publicar cuanto antes una edición extraordinaria. No faltó quien señalara que esta sería difícil de vender, pues estaban cerrados todos los quioscos. La idea de distribuirla con voluntarios generaba temores de que alguien resultara herido o detenido por hacerlo. En medio del debate, que fue tenso y apasionado, como corresponde a la situación, comprendimos que la única actitud posible que podíamos adoptar era la de comportarnos como periodistas: tratar de sacar cuanto antes –y sobre todo antes de que llegaran los soldados, si es que iban a ocuparnos– una edición. Absolutamente todo el mundo, desde Ortega y Polanco al menos cualificado de los presentes, apoyó la decisión independientemente de cuál fuera la opinión particular de cada uno. Todo el mundo se puso a colaborar enseguida». De modo que Cebrián bajó en mangas de camisa a la redacción y anunció ante los numerosos periodistas presentes: «Aquí todo está claro: hay un golpe de Estado y vamos a sacar el periódico».

Fue lo que ocurrió. A las diez de la noche de aquel día, mientras las calles de todo el país se vaciaban y un silencio atemorizado se apoderaba de ellas y enmudecían a la espera de acontecimientos los demás periódicos e instituciones –desde los partidos políticos y los sindicatos hasta los empresarios o la Conferencia Episcopal–, *El País* publicó una edición de urgencia. Constaba de apenas dieciséis páginas. La portada estaba presidida por un titular descomunal escoltado por una foto de la fachada del Congreso: «Golpe de Estado», rezaba. «*El País*, con la Constitución». Debajo, entre un relato todavía escaso, parcial y fragmentado de lo ocurrido en el Congreso, se leía el editorial, redactado por Javier Pradera y corregido por Cebrián: «¡Viva la Constitución!», se titulaba. El propósito de aquella edición era inequívoco: se trataba de resistir al golpe, de contribuir a abortarlo. Todo indica que, fuese en la medida que fuese, consiguió su objetivo: ejemplares de *El País* llegaron muy pronto al Congreso, el militar al mando de las tropas que lo acordonaban, el general Sáenz de Santamaría, logró introducir en el recinto ocupado algunos ejemplares, varios parlamentarios secuestrados aseguran haber visto con el periódico en sus manos a guardias civiles rebeldes, incluido el propio teniente coronel Tejero, y algunos madrileños empezaron a atisbar la esperanza de que el golpe podía fracasar escuchando en boca del locutor de Radio Madrid los titulares y el editorial del periódico, o parte del editorial.

¿Qué decía aquel texto? Leído casi medio siglo después, cuatro cosas llaman sobre todo la atención. La primera es la condena taxativa del golpe en un momento en el que todo indicaba que el golpe iba a triunfar. «*El País* sale a la calle en defensa de la ley y de la Constitución», decía. «La rebelión debe ser abortada; sus culpables, detenidos, juzgados severamente y condenados para ejemplar escarmiento de la Historia». La segunda es la llamada a la rebelión de la ciudadanía en defensa de la democracia, que no se produjo: «Los españoles deben sumarse a la gran protesta nacional e internacional y movilizar por todos los medios a su alcance la voluntad popular en defensa de la legalidad».* Pero lo más impresionan-

* Se ha reflexionado muy poco sobre este hecho flagrante (o simplemente se ha querido esconder bajo la alfombra): la casi nula reacción de la ciudadanía contra el golpe. Aparte del desencanto

te –lo que pone los pelos de punta– es un pasaje que posee el aroma inconfundible de una despedida, como si el editorialista abrigara en su fuero interno la convicción de que la democracia estaba a punto de ser derrotada una vez más en España y hubiera decidido que, precisamente porque aquellas tal vez serían las últimas palabras que escribiría en libertad, iba a escribirlas con las botas puestas: «Ocurra lo que ocurra en las próximas horas o en los próximos días, suceda lo que suceda a quienes nos mantenemos fieles a la Constitución y a la legalidad vigente, nacidas ambas de elecciones libres y de la voluntad del pueblo es-

---

generalizado con la democracia, es indudable que el recuerdo todavía muy vivo del golpe del 36, la guerra y la dictadura encerró a la gente en sus casas. Pero la falta de entusiasmo democrático era un hecho: en la segunda mitad de 1976, poco después de la llegada de Suárez al poder, el 78 % de los españoles preferían que las decisiones políticas fueran tomadas por representantes elegidos por el pueblo, y en 1978, año en que se aprobó la Constitución, el 77 % se definían como demócratas incondicionales; pero, según el Instituto Metroscopia, en 1980 apenas la mitad de los españoles prefería la democracia a cualquier otra forma de gobierno: el resto dudaba o le daba igual, cuando no respaldaba la vuelta a la dictadura. Los dos primeros datos proceden de Manuel Torcal Loriente, «El origen y la evolución del apoyo a la democracia en España», *Revista española de ciencias políticas*, n.º 18, abril, 2008, p. 50; el tercero, de Joaquín Prieto, *El País*, 28-10-2007.

pañol, los golpistas están condenados por la Historia, por la ética y por los juramentos de honor que tanto prodigan y tan poco cumplen». Winston Churchill observó que el coraje es la virtud esencial, la base o el fundamento de todas las demás virtudes, la que las hace posibles a todas; llevaba razón: quien defiende la libertad practica una virtud, pero, dadas determinadas circunstancias extremas –un golpe de Estado, digamos–, si esa persona carece de coraje para defender la libertad acaba defendiendo en la práctica la esclavitud. No hay duda de que, durante la tarde y la noche del 23 de febrero de 1981, *El País* demostró el coraje necesario para defender la libertad hasta el final; tampoco de que ese día acabó de ganarse el título de periódico de la democracia.

Por lo demás, tal vez sorprenda que, en ese primer editorial, *El País* se apresurara a acusar a Adolfo Suárez, a la sazón presidente del Gobierno en funciones, de «falta de coraje»; es la cuarta cosa que llama la atención del texto, sobre todo si se recuerda la imagen de Suárez aquella tarde en el hemiciclo del Congreso, solo en su escaño azul de presidente mientras las balas de los golpistas zumbaban a su alrededor y todos los demás ministros y parlamentarios presentes allí –todos menos dos: el general Gutiérrez Mellado, vicepresidente del Gobierno, y Santiago Carrillo, secretario general del Partido Comunista– buscaban refugio bajo sus escaños. Aunque a fin de cuentas quizá no debería sorprender: sobre todo en los últimos años, *El País* había sido muy duro con Suárez, hasta el extremo de que en algunos momentos sus críticas bordearon la inquina personal, si no ingresaron abiertamente en ella. Vale decir sin embargo que, a partir de la cuarta edición del periódico, publicada a las cuatro de la madrugada, desapareció la alusión a la falta de coraje del presidente, y que tres días después del golpe el periódico contenía una rectificación en toda regla: «Adolfo Suárez [...] tuvo un indudable rasgo de valentía e identificación con su figura política al permanecer erguido en su escaño mientras los sediciosos disparaban sus metralletas. Y, si en un primer momento no lo dijimos así, debido a la confusión de las noticias que llegaban, bien merece la pena señalar hoy que Adolfo Suárez estuvo, a nuestro juicio, a la altura de sus funciones».

Siete ediciones del periódico se sucedieron durante aquellas horas tremendas, desde la primera de las diez de la noche del 23 hasta la última de las doce de la mañana del 24. A partir de la segunda edición, publicada a la una de la madrugada, los titulares sucesivos eran idénticos: voluntariosamente prefiguraban la derrota de los rebeldes («El intento de golpe de Estado, en vías de fracaso»). También a partir de la segunda edición, el periódico trocó las dieciséis páginas escasas de la primera por las más de sesenta habituales, en las que se incluían, aparte de información creciente sobre el golpe y sus protagonistas, contenidos de todas clases, sin excluir el artículo semanal de García Márquez, en esta ocasión titulado «Remedios para volar». Asimismo, el título del editorial cambió a partir de la segunda edición («Con la Constitución», rezaba ahora, menos vehemente), pero a partir de la tercera su lugar en la portada fue ocupado por una síntesis de la intervención televisiva del rey, quien a la una y catorce minutos de la madrugada había comparecido rechazando la asonada y avalando la democracia: «La Corona defiende la Constitución», decía. Consciente de que el monarca estaba siendo fundamental para el fracaso del golpe, entre otras razones porque era el único que podía conseguir que fracasase, desde las dos de la madrugada el editorial del periódico lo elogiaba sin ambages: «La defensa de la Constitución y de la legalidad vigente ha tenido en el rey su más resuelto y admirable combatiente»; por propia convicción, o siguiendo instrucciones del rey y del Gobierno de políticos subalternos constituido por encargo del rey, también a partir de la tercera edición los editoriales continuaban llamando a la defensa ciudadana de la democracia, como habían hecho desde el principio, pero introducían el matiz esencial de que esa defensa debía llevarse a cabo «sin apelaciones en estos momentos a huelgas generales o actos multitudinarios que ahonden en la desestabilización, máxime cuando la vida de los políticos de este país pende aún de la voluntad de unos fanáticos». La última edición del periódico se publicó al mediodía del martes 24 y llevaba en primera página un titular aliviado que certificaba la derrota del golpe: «El Gobierno y los miembros del Parlamento, liberados tras un pacto con los rebeldes».

Así terminó todo. Años más tarde, Juan Luis Cebrián visitó en su despacho oficial al primer ministro sueco, el socialista Olof Palme. Palme conocía bien España, se había manifestado por las calles de Estocolmo contra la dictadura de Franco y había sido el mentor o uno de los mentores de Felipe González. Mientras conversaba con él, el periodista advirtió que uno de los cuadros que pendía de las paredes de la estancia era una reproducción de la portada de la edición especial de *El País* del 23 de febrero de 1981. Palme fue asesinado poco después, mientras paseaba con su mujer por Estocolmo, pero él también alcanzó a sentir que, en España, *El País* era el periódico de la democracia.

5

Finalmente ocurrió; quiero decir: finalmente se cumplió el pronóstico de mi hermana Sofía y empecé a escribir en *El País*. Para entonces, noviembre o diciembre de 1997, yo había cumplido treinta y cinco años y, aunque continuaba dando clases en la Universidad de Gerona, vivía en Barcelona; para entonces *El País* ya no era solo un periódico: se había convertido en la nave capitana de una armada mediática –de hecho, el mayor grupo multimedia español– que incluía radios, televisiones y editoriales en varios países y dos continentes. Al principio de su singladura el periódico había sido muy importante para el cambio del franquismo a la democracia: como han escrito María Cruz Seoane y Susana Sueiro, *El País* resultó ser «uno de los instrumentos decisivos de la operación de consenso político que fue la Transición»;

veintiún años después las circunstancias eran muy dispares.

En 1997 España llevaba un año de gobierno del PP, el partido heredero de la derecha posfranquista, pero había sido gobernada durante casi tres lustros por el PSOE de Felipe González, un periodo que arrancó con la euforia política, económica y cultural simbolizada por el ingreso en la Comunidad Económica Europea y los Juegos Olímpicos de Barcelona, y que acabó con la depresión propiciada por el torbellino de acusaciones con fundamento de corrupción política y terrorismo de Estado que tumbó al Gobierno socialista. Muchas cosas relevantes habían ocurrido para ese momento en *El País*. En 1986 Javier Pradera había abandonado el equipo de editorialistas y la subdirección de Opinión, y en 1988 Cebrián había dejado la dirección del periódico y se había convertido en consejero delegado de PRISA, la empresa editora de *El País*, sobre la que Polanco había adquirido un control completo como presidente ejecutivo y accionista mayoritario. Cebrián fue sustituido en la dirección por Joaquín Estefanía, un periodista especializado en asuntos económicos a quien desde 1993 relevó en el cargo Jesús Ceberio, que se había incorporado casi desde el principio a la empresa como corresponsal y delegado en Euskadi.

Durante la época socialista, *El País* había sido acusado con creciente intensidad por sus competidores de ser el periódico del Gobierno, y su fortaleza creciente le había granjeado enemigos poderosos, que lo responsabilizaban de haber contribuido a la perpetuación cada vez más agónica del socialismo en el poder. De hecho, desde 1996 PRISA se hallaba enzarzada en varias guerras empresariales, y en febrero de 1997 estalló el caso Sogecable –así llamado por la filial de PRISA dedicada a la televisión de pago–, que al mes siguiente llevó al juzgado a Polanco, Cebrián y la mitad del consejo de administración de la empresa. Como es natural, el periódico defendió a sus directivos, pero tal vez sobreactuó (o eso me pareció a mí entonces), dejando algunos pelos de su prestigio en la gatera del contencioso: el choque frontal con *El Mundo* convirtió por momentos sus páginas en instrumentos descarnados de la defensa de los intereses empresariales de PRISA; perdiese o no perdiese credibilidad en aquel momento, el periódico no perdió público: en 1997 *El País* seguía siendo una institución central en España, lideraba en lectores e influencia la prensa escrita y había incrementado la distancia con sus seguidores inmediatos. Vale decir que la persecución de sus principales directivos, avalada casi sin disimulo por un Gobierno del PP ansioso por recortar la hegemonía mediática de PRISA, era indebida, como demuestra el hecho de que al año siguiente la justicia archivara el caso y el Tribunal Supremo procesara y condenara por prevaricación al juez que lo incoó y lo expulsara de la carrera judicial.

Así estaban las cosas en *El País* cuando empecé a escribir en sus páginas. Todo arrancó la noche en que el Café Salambó celebraba sus cinco primeros años de vida con una fiesta en su sede del barrio de Gracia, Barcelona. Por esa época seguía siendo un escritor desconocido, pero acababa de publicar una novela –la tercera– que, ya que no otros méritos, poseía a mis ojos el de cerrarse con la palabra «mierda», modesto título de gloria que sin embargo, por motivos que todavía no he logrado desentrañar, a medida que aumentaba el jolgorio de aquella noche de entusiasmo alcohólico empezó a llenarme de un orgullo desproporcionado. Recuerdo que estaba hablando con dos escritores amigos, Sergi Pàmies y Lluís Maria Todó, y en algún momento me lancé a persuadirlos de la precaria originalidad de mi novela, la única conocida que, hasta donde me alcanzaba la memoria, podía arrogarse el privilegio de terminar con esa palabra. Alguien –no sé si Pàmies o Todó– adujo fácilmente *El coronel no tiene quien le escriba* y, en vez de aceptar sin más mi derrota, me empeñé en confundirles la memoria con el invento de que la novela de García Márquez no acaba con esa palabra, sino con la palabra «coronel» («Mierda, dijo el coronel», era la interesada versión que improvisé). Fue entonces cuando, supongo que para esconder la fantasía, o la desilusión, me acordé de un artículo de Juan Carlos Onetti en el que el escritor uruguayo le reprochaba a Borges su gazmoñería, porque, en vez de traducir literalmente el final de *Las palmeras salvajes*, de Faulkner («Women shit!, the tall convict said»; es decir: «¡Mujeres de mierda!, dijo el penado alto»), lo había maquillado («¡Mujeres!», se lee en la traducción de Borges), como si no hubiera querido ofender los oídos otoñales de las damas de la buena sociedad bonaerense de su época, una hipótesis tanto más verosímil cuanto que alimentaba la leyenda, tal vez apócrifa –o meramente borgiana–, de que algunas de las traducciones alimenticias de Borges no fueron obra suya, sino de doña Leonor Acevedo, su madre. Ahora bien –proseguí yo, impelido por el doble arrebato de la ebriedad y de mi irrefrenable querencia por la erudición chiflada, mientras notaba que se había sumado a nuestro corro un tipo con sobrepeso, de aspecto saludable y ojos fijos, que me miraba de una forma curiosa–, ahora bien, dije, el problema estriba en que, en mi edición inglesa de *Las palmeras salvajes*, el final no es el que Onetti atribuye a la novela, sino el que tradujo Borges, o doña Leonor Acevedo: «Women, the tall convict said». ¿Cuál era la explicación de semejante embrollo? ¿Contenía mi edición inglesa de la novela de Faulkner una errata descomunal? ¿Era esa hipótesis razonable conociendo el cuidado maniático con que los anglosajones suelen editar a sus clásicos? ¿Era la edición que manejaba Onetti la que contenía la errata? ¿O es que Onetti leyó equivocadamente la novela? Pero ¿cabía esperar eso de un lector tan minucioso, de alguien que, además, igual que García Márquez, se conocía al dedillo la obra del gran novelista estadounidense? ¿O acaso contenía el reproche una mala fe venial y casi inconcebible en un hombre de tan apasionada honestidad como Onetti, y que para colmo profesaba una gran admiración por Borges (aunque a veces la escondió, o la disimuló)? Casi treinta años después, no recuerdo cuál fue el término insensato de aquella sucesión de conjeturas; tampoco sé cómo acabó la fiesta, porque no hay fiesta que se precie que se sepa cómo acaba. Lo único que sé es que, muy tarde ya en la noche, me sorprendí en plena calle, sin Pàmies y sin Todó –que hábilmente se habían escabullido horas antes–, y con la única compañía del tipo con sobrepeso que seguía mirándome sin apartar la vista, y que de golpe atajó mi incontenible gesticulación de descerebrado entusiasta con las únicas palabras que recuerdo haberle oído pronunciar aquel día: «Oye», dijo, «¿y tú por qué no me escribes crónicas?».

Aquel tipo se llamaba Agustí Fancelli, y era el redactor jefe de la edición catalana de *El País*. Allí se publicaba una sección muy literaria titulada «La Crónica», donde colaboraban algunos escritores de Barcelona, entre ellos Pàmies y Todó, y también Fancelli, e incluso, a poco tardar, el propietario o uno de los propietarios del Salambó: Pedro Zarraluki. Por supuesto, a mí me encantó la idea de escribir en el periódico, sobre todo en esa sección: no solo porque en ella colaboraban escritores que me gustaban, sino también porque parecía un campo de maniobras propicio a toda clase de experimentos. Pero al día siguiente de la fiesta del Salambó, desde la quietud resacosa que siempre sigue al entusiasmo alcohólico, la propuesta de Fancelli me pareció descabellada y me dio mucha vergüenza la sola idea de aceptarla; para colmo, me acordé de que los dos únicos periódicos en los que más o menos fugazmente había colaborado con anterioridad –*Diari de Barcelona* y *El Observador*– habían acabado hundiéndose poco después de que yo empezara a escribir en ellos. Así que, haciendo de tripas corazón, opté juiciosamente por olvidarme del asunto.

Pocas semanas después, sin embargo, volví a tropezar con Fancelli. Fue en una librería de Barcelona, y apenas le vi recordé mi bochornosa actuación del Salambó y me escondí detrás de una dependienta, y ya creía haberle dado esquinazo cuando oí a mi espalda su voz inconfundible de sabueso: «Oye, ¿y tú por qué no me escribes crónicas?». Días más tarde tuvo lugar un hecho feliz e inesperado: la concesión del premio Cervantes a Guillermo Cabrera Infante. Todos tenemos nuestras debilidades; una de las mías es *Tres tristes tigres*, una novela que leí de adolescente y que casi me aprendí de memoria. El día del premio me acordé de que, un par de años atrás, yo había acompañado a Cabrera durante una visita a la Universidad de Gerona, con tan poca fortuna que el escritor cubano en el exilio acabó concibiendo la sospecha de que aquel tipo que le recitaba sin parar trozos de su novela de juventud era un agente de Fidel Castro enviado ex profeso desde La Habana para arruinarle su estancia en la ciudad (o quizá para secuestrarlo y llevarlo de vuelta a Cuba); así que se me ocurrió que, si era capaz de contar en el espacio de una crónica esa peripecia disparatada con el mismo entusiasmo con que había contado en el Salambó mi espuria teoría sobre las novelas que acaban con la palabra «mierda», entonces quizá Fancelli no tiraría mi escrito a la papelera en cuanto leyese la primera línea.

Ese fue el principio de todo: escribí el texto y se lo envié a Fancelli, que lo mandó impreso al cabo de un par de días; así empecé a publicar en el periódico. Por entonces la edición catalana de *El País* cumplía quince años de existencia y estaba al mando de Lluís Bassets. En Barcelona el periódico no representaba lo que en Madrid: era, sin duda, el periódico no catalán más leído en Cataluña, pero se le consideraba un medio madrileño, un poco lateral en un paisaje periodístico dominado por *La Vanguardia* y *El Periódico de Catalunya*, mucho más vendidos e influyentes. La redacción y los talleres se hallaban fuera de Barcelona, en L'Hospitalet de Llobregat, y cada año, en vísperas de Navidad, el periódico ofrecía allí una recepción a sus periodistas y colaboradores: un cóctel que algunos prolongábamos con una comida en el Salambó y una tarde de copas que solía terminar de madrugada en algún garito del centro. Para un escritor como yo, que apenas había tratado escritores (y mucho menos escritores en castellano), aquello era fabuloso; allí conocí a los colaboradores de «La Crónica», casi todos mayores que yo, todos mucho más conocidos que yo: Ignacio Vidal-Folch, Valentí Puig, Joan de Sagarra, Enrique Vila-Matas,

Ignacio Martínez de Pisón, Gabriel Galmés, Ramón de España, Francisco Casavella y Guillem Martínez. Los textos de «La Crónica» no solían tratar temas políticos, poseían un cariz literario y carecían de periodicidad fija: simplemente, uno escribía el suyo y lo mandaba al periódico; yo acostumbraba hacerlo cada dos semanas. Nunca rechazaron un texto mío; nunca me sugirieron matizar o enmendar nada. Visto con la perspectiva del tiempo, eso es lo que más me asombra: la libertad absoluta que el periódico concedía a un perfecto desconocido como yo; literalmente escribía sobre lo que me daba la gana: un percance privado, una fiesta familiar, una aventura urbana; también podía desplegar una reflexión más o menos literaria o filosófica o personal, contar la historia de un indio apsaróka de paso por Barcelona o de un limpiabotas boliviano instalado en Las Ramblas, o armar un relato con una presentación de un libro de Rafael Azcona o de Carlos Fuentes, con una conferencia de Víctor Erice, con un concierto a base de silbidos de un excompañero de los maristas o con una exposición de cuadros de un amigo de infancia… Este puñado de textos se publicó en 1999 con el título *Relatos reales*, pero para entonces ya había cambiado mi manera de escribir, incluida mi manera de escribir novelas.

No exagero en absoluto. Por entonces yo me sentía un escritor fracasado, suponiendo que me sintiera un escritor: no era capaz de escribir las novelas que buscaba, las abandonaba apenas empezadas o a medio escribir, o las arrojaba a la papelera una vez terminadas, abochornado por su indigencia. Fue una época triste, o así la recuerdo ahora; paradójicamente, aquellos textos de «La Crónica» contienen algunas de las páginas más alegres (si no más felices) que yo haya escrito. Antes de esas crónicas yo era, por decirlo así, un escritor de gabinete, más bien libresco, un poco agorafóbico; sigo siéndolo –un escritor que en una u otra medida no sea una de esas tres cosas no es un escritor: es un escribano–, pero aquellas crónicas me obligaron a correr el riesgo de la intemperie, a salir a la calle y tomar notas de hechos y cosas y gente, a contrastar la escritura con la realidad, a contar historias complejas y formular complejas ideas de la manera más breve y transparente posible, a inventarme una escritura mucho más precisa, veloz, nítida y sintética que la que había practicado hasta entonces, también un relato capaz de ceñirse a lo real y de mezclar en su seno géneros distintos. Aquellas crónicas se convirtieron, así, en el laboratorio de *Soldados de Salamina*: no en vano armé esa novela, que se publicó en 2001, mientras aún las estaba escribiendo; no en vano el narrador de *Soldados de Salamina* afirma que esa novela es un «relato real» (lo que no significa que lo sea, de igual modo que Cide Hamete Benengeli no es el verdadero autor del *Quijote*, por mucho que lo afirme el narrador del *Quijote*); no en vano una de aquellas crónicas, titulada «Un secreto esencial», está incluida en *Soldados de Salamina* y fue su germen. O, dicho de otro modo, esas crónicas fueron la llave que me abrió las puertas de una literatura nueva, de una nueva manera de entender la literatura. Por eso digo que, para mí, resultaron determinantes: porque gracias a ellas superé un bloqueo de años y dejé de sentirme un escritor fracasado, o por lo menos volví a sentirme escritor. Muchos grandes novelistas de nuestro tiempo fueron primero periodistas y luego novelistas (García Márquez o Vargas Llosa, por poner dos ejemplos próximos); mi itinerario fue exactamente el inverso: primero fui novelista y luego encontré en el periodismo –o más exactamente en la escritura en el periódico– una nueva forma de escribir novelas. Todo eso le debo a *El País*.

Agustí Fancelli murió el 2 de febrero de 2013 en Barcelona; a su funeral asistimos muchos escritores de «La Crónica». No sé si alcancé a darle las gracias como merecía.

6

Fue uno de los días más felices de mi vida.

1 de septiembre de 2001, domingo por la tarde. Estaba escribiendo en mi despacho cuando Enrique Vila-Matas, de quien me había hecho amigo gracias a «La Crónica», me llamó por teléfono para contarme que Vargas Llosa había escrito sobre mí. Ni él ni yo conocíamos personalmente a Vargas Llosa, que para nosotros venía a ser más o menos como las pirámides de Egipto –siempre había estado allí–, así que pregunté, incrédulo: «¿Vargas Llosa?». Pensé que se trataba de un error, pero al cabo de unos minutos mi amigo me mandó por fax un texto del novelista peruano. Este, en aquella época, publicaba ya un artículo bimensual en *El País*, como hizo casi hasta el final de su vida, pero por algún motivo aquel domingo no lo había hecho, y el escrito procedía del

diario peruano *El Comercio*, que reproducía sus artículos de *El País*. Lo primero que leí fue: «Vargas Llosa desvela a Cercas», o tal vez «revela a Cercas», aunque lo que yo interpreté fue más bien: «Vargas Llosa desenmascara a Cercas». Me eché a temblar. Seis meses atrás yo había publicado *Soldados de Salamina*, una novela que, aunque había sido mirada por encima del hombro por los primeros espadas de la crítica nacional –Rafael Conte, Miguel García-Posada, Juan Antonio Masoliver Ródenas, Ignacio Echevarría–, había logrado abrirse camino por su cuenta entre algunos lectores y críticos hasta convertirse en un *succès d'estime*, y comprendí que Vargas Llosa venía a deshacer con su autoridad incontestable el malentendido: la literatura actual vivía un momento tan calamitoso que incluso un bodrio como el que yo había perpetrado podía pasar por literatura.

Pero el artículo de Vargas Llosa no decía eso. Para entender lo que decía tuve que leerlo seis veces seguidas: a la primera pensé que Vargas Llosa se había equivocado de libro; a la tercera pensé lo que me dijo mi padre después de leerlo: «Hijo mío, este artículo es mejor que tu libro»; a la sexta me dije que estas cosas no ocurren: ningún escritor se pasa la vida leyendo a brazo partido a otro que acaba escribiendo sobre él un artículo así. Se titulaba «El sueño de los héroes», se publicó al día siguiente en *El País* y era tan elogioso que cambió el destino del libro (y tal vez el mío propio): el espaldarazo imprevisto de Vargas Llosa contribuyó a transformar aquella novela desamparada en un superventas mayúsculo y a mí en un escritor profesional y, aunque no consiguió variar la opinión de los mandamases de la crítica nacional, quizá atrajo sobre ella la atención de los de la crítica internacional: de George Steiner, de Susan Sontag, de J. M. Coetzee, de Doris Lessing, de Kenzaburo Oé.

Lo anterior es un ejemplo personal del impacto que un texto aparecido en *El País* puede o podía tener sobre un artefacto cultural. Es verdad que en 2001 Vargas Llosa era desde hacía mucho tiempo uno de los escritores con mayor predicamento en cualquier lengua, pero no es arriesgado aventurar que, si su artículo solo se hubiera publicado en *El Comercio*, no hubiera tenido el efecto inmediato que tuvo, y lo cierto en todo caso es que se publicó en *El País*. Este fue un periódico nacido con una poderosa vocación cultural, bastante infrecuente en la prensa española del momento; su atención se centró sobre todo en el cine, la literatura, el pensamiento y la música, terrenos en los que sentó cátedra desde el principio. Esto no es una opinión: es un hecho. El 22 de febrero de 1983, el filósofo Pep Subirós describía en el propio periódico («*El País* y el país») «la mezcla de admiración, temor y bobaliconería con que nos relacionamos intelectual y sentimentalmente con este diario casi todos los que estamos metidos en el mundillo político-intelectual». Continuaba: «Los periodistas, las informaciones, las opiniones, se dividen hoy aquí en dos clases: los que escriben o las que son escritas en *El País* y los/las que no [...]. Lo importante es aparecer ahí, independientemente de lo que uno diga o sea dicho [*sic*]». Subirós reconocía que *El País* era un buen periódico; el problema según él era que, para muchos, su lectura «basta y a menudo sobra no solo para saber, sino también, y sobre todo, para saber lo que resulta inteligente pensar acerca de lo que se sabe». Tres años más tarde, en el décimo aniversario del diario y poco antes de abandonarlo para siempre, Umbral refrendaba sin citarlo el juicio de Subirós. «*El País* mismo es ya una superstición nacional», escribía. «Consagra políticos, hombres públicos, pintores. *El País* podría probar a promocionar un tonto, y lo consagraría». Estos diagnósticos pueden parecer exagerados; a juzgar por la opinión de los adversarios del periódico (a quienes no tardaría en sumarse el propio Umbral), no lo son.

En 1981, apenas cinco años después de la aparición de *El País*, el ensayista Alberto Cardín publicaba en un libro titulado *Como si nada* un violento alegato contra él donde le recriminaba no haber publicado algunos de sus textos y haber terminado excluyéndole de sus páginas y negándole así lo que para él constituía «garantía de existencia, certificación ontológica». Y en un doble y sombrío balance del último cuarto de siglo de cultura española publicado en *El Cultural* y *La Razón*, Luis María Anson denunciaba en el año 2000 «el papanatismo ante *El País*», convertido en «una aduana de la cultura» durante una época en que no existieron en España «otros escritores, otros pintores, otros músicos, otros intelectuales que aquellos a los que *El País* otorgaba sus bendiciones». Como cantaba una coplilla de Alfonso Ussía dedicada al periódico, «hoy día si en él no sales/señal es que nada vales».

En este punto resulta inevitable preguntarse: ¿goza hoy *El País* del mismo ascendiente cultural que tuvo en sus primeras décadas de vida, cuando impulsó el despegue de las obras de Pedro Almodóvar o Fernando Trueba o Javier Marías o Antonio Muñoz Molina o Juan José Millás? ¿Puede hoy un artículo producir la conmoción que produjo el de Vargas Llosa en *Soldados de Salamina*, o el que antes y después ocasionaron ciertas reseñas de Rafael Conte o Miguel García-Posada o Ignacio Echevarría (la del primero en *Bélver Yin*, de Jesús Ferrero; la del segundo en *No se lo digas a nadie*, de Jaime Bayly; la del tercero en *El vano ayer*, de Isaac Rosa)? Si no me engaño, la respuesta más común a esa pregunta sería no; no descarto que sea también la más acertada: al fin y al cabo, es un hecho que en los últimos años internet y las redes sociales han atomizado la oferta periodística y las fuentes de autoridad intelectual, de tal manera que resulta mucho más difícil que un solo medio, o una sola persona, posea sobre los lectores un ascendiente categórico. De todos modos, tampoco me parece que los grandes éxitos inesperados de la literatura española reciente –por ceñirnos al ámbito de la literatura– puedan explicarse sin la acogida que les dispensó *El País*: me cuesta trabajo imaginar el arranque fulminante de *Patria*, de Fernando Aramburu, sin la pionera reseña encomiástica de José-Carlos Mainer, o el brillante itinerario de *Ordesa*, de Manuel Vilas, y de *El infinito en un junco*, de Irene Vallejo, sin las columnas fervorosas que les dedicó Millás; y cualquier editor español sabe muy bien que una obra adquiere una notoriedad excepcional y un impulso casi inigualable si resulta elegida como libro del año por los críticos de *Babelia*, que es sin duda, desde 1991 –cuando confluyeron en él los demás suplementos culturales del periódico desde el primigenio *Arte y Pensamiento*–, el suplemento cultural más influyente de nuestra lengua: es lo que ha ocurrido en los últimos años con libros como *Un amor*, de Sara Mesa, o *La llamada*, de Leila Guerriero.* Varios de los autores que acabo de mencionar mantienen o han mantenido alguna clase de vínculo con el periódico, y este ha sido objeto desde el principio –pero sobre todo durante los años en que el Grupo PRISA aglutinó editoriales como Alfaguara– de

* A finales de los años noventa, mientras ya colaboraba en «La Crónica», publiqué varias reseñas en *Babelia* por encargo de Antoni Munné, que por entonces dirigía el suplemento: recuerdo haber escrito sobre novelas de Edgardo Rodríguez Juliá, de Campos Reina, de A. M. Homes; también sobre ensayos de Joan Fuster o de Muñoz Molina. El experimento fue un fracaso. Cioran decía que no le gustaba escribir reseñas porque, durante la lectura del libro que debía reseñar, estaba más pendiente de lo que debía decir sobre el libro que del propio libro; creo que yo padecía del mismo mal. Tampoco me sentía cómodo en el papel de juez de mis colegas. El resultado fueron unos textos sosos, ineptos y agarrotados, que nunca debí publicar. La experiencia, no obstante, fue aleccionadora: hasta entonces yo había considerado indispensable para la buena salud de una literatura esa forma militante de crítica literaria que es el reseñismo; desde entonces sigo considerándola indispensable, pero aprendí que es dificilísima.

quejas de favoritismo o de endogamia, de trato preferente a los colaboradores del periódico, o a los autores que publicaban en las editoriales de PRISA; es muy probable que algunas de estas acusaciones estén justificadas, pero también que otras no carezcan de ingenuidad, o tal vez de cinismo: ¿hay algún periódico que no sienta predilección por sus colaboradores? Y, si no la siente, ¿por qué mantenerlos como colaboradores? ¿Por qué no contratar personas por las que el medio en cuestión sí sienta predilección (suponiendo que pueda contratarlas, como sin duda puede hacer *El País*)? Claro que tampoco faltan colaboradores del periódico que lamentan que, precisamente porque son colaboradores del periódico, los demás medios los desprecian o ningunean... En fin: cualquier excusa es buena para quejarse, y nunca faltan motivos para culpar a alguien de nuestros fracasos; nuestros triunfos, en cambio, nos pertenecen en exclusiva. Jaime Gil de Biedma, que apenas escribió en *El País*, llamó a esta ventajosa asimetría la «vidriosa condición del escritor». Menos optimista que él, yo no creo que sea un rasgo exclusivo de nuestro gremio.

7

En un pasaje de sus memorias, Juan Luis Cebrián refiere a propósito de los inicios del periódico: «No me gustaban las colaboraciones estrictamente literarias en las que parecía que el periódico arrendara sus columnas para que en ellas se explayaran las manías o las ocurrencias de unos cuantos privilegiados que tenían acceso a él. Era una costumbre muy acendrada en la prensa española, que el deterioro del tiempo nos ha devuelto multiplicada [...]. Únicamente hice una excepción en esto: Francisco Umbral».

La aversión de Cebrián está del todo justificada. Por supuesto, la historia del periodismo y la de la literatura se hallan estrechamente unidas: solo hace falta recordar que muchas de las mejores novelas del siglo XIX –es decir, muchas de las mejores novelas a secas– se publicaron por primera vez en los periódicos;

pero el antiguo director de *El País* aludía a otra cosa. En España, ahora mismo, apenas existe escritor de una cierta notoriedad que no escriba en la prensa o no tenga una columna semanal o mensual o bimensual en la que declara sus ideas, en el mejor de los casos, y en el peor explaya sus manías u ocurrencias, por usar las palabras de Cebrián; hasta donde alcanzo, esta peculiaridad es casi exclusiva de nuestro ecosistema periodístico (digo «casi» porque en ciertos países de Hispanoamérica ocurre algo semejante). La anomalía tiene ventajas e inconvenientes: un inconveniente es el riesgo de que el escritor acabe degenerando en todólogo, en charlatán de feria; una ventaja es la bendición de que el escritor encuentre en el periódico, además de un modo de ganarse la vida (o de complementar sus ingresos), un laboratorio o campo de maniobras literarias, y el lector un pedazo de literatura y de reflexión tan estimulante como el que yo encontré durante años en las columnas de Umbral o en los artículos de Vargas Llosa, García Márquez o Savater. De hecho, la anomalía explica también una característica harto original de la literatura española, y es que, durante los tres últimos siglos, muchos de los mejores escritores de nuestro país hayan sido ante todo escritores de periódicos: no conozco a nadie en la España dieciochesca que diera a la imprenta alegatos más vibrantes que Luis García Cañuelo, responsable volteriano de *El Censor.* Larra fue a mi juicio el prosista más alto del siglo XIX español –mejor que Clarín, mejor que Valera, mucho mejor que Galdós– y la mayoría de los escritos de Unamuno o Azorín se publicaron en los periódicos, igual que casi todos los de Ortega, incluida su obra más conocida (y acaso más imprescindible): *La rebelión de las masas.* Otro tanto cabe decir de la literatura de posguerra: Camba o González-Ruano o incluso Cunqueiro fueron asimismo, por encima de todo, escritores de periódicos, como lo fue Josep Pla, quizá el prosista en catalán más relevante desde Ramon Llull.

Aclarado lo anterior, se entenderá que, pese a la reticencia inicial de Cebrián, *El País* se abriera muy pronto al columnismo, sobre todo a partir de 1993, cuando Jesús Ceberio ocupó la dirección del periódico; una apertura limitada: *El País* siempre ha sido menos pródigo en columnas que otros medios españoles. En 1983 Umbral había dejado de publicar su artículo diario; todavía siguió escribiendo en *El País* otros cinco años, aunque sin la misma periodicidad, pero poco después el periódico creó una columna de contraportada que casi de inmediato se convirtió en una de las más leídas de la prensa española. La columna sigue operativa, y durante estas cinco décadas la han ocupado con asiduidad variable escritores muy vinculados a *El País*, muchos de ellos fundamentales en el último medio siglo de literatura española: Manuel Vicent, Rosa Montero, Rafael Sánchez Ferlosio, Manuel Vázquez Montalbán, Juan José Millás, Félix de Azúa, Vicente Verdú, Maruja Torres, Juan Cueto, Manuel Rivas o el propio Fernando Savater, algunos de los cuales –tal vez Vicent o Millás, sin duda Cueto– han dado lo mejor de sí mismos en esas microcápsulas verbales convertidas en emblema del periódico.

Yo me incorporé a esa nómina intimidante de columnistas en 2001 o 2002, y ahí sigo veinticinco años después, firmando exactamente la misma columna que empecé a firmar entonces. Su título es «Palos de ciego»; se publica cada dos semanas, pero no en el periódico, sino en el suplemento dominical del periódico. El matiz no es irrelevante. *El País Semanal* funciona como una revista: los artículos de *El País* se publican o pueden publicarse de un día para otro, a veces de un momento para otro; los artículos de *El País Semanal* se publican dos semanas y media después de escritos, o al menos después de enviados, o así se publican los míos. Ese tiempo es un espacio: el que separa al periodista del escritor; más precisamente: el que separa al periodista del escritor que, como yo, no es periodista (un escritor no siempre es periodista, pero un periodista siempre es escritor). Como si fuera Fabrizio del Dongo en Waterloo o Pierre Bezújov en Borodino, el periodista narra la batalla mientras sucede, cuando todavía no es más que un torbellino de ruido y de furia; en medio de él, el periodista, como el personaje de Stendhal o el de Tolstói, trata de ver y oír entre el caos indescifrable del polvo las descargas de la fusilería, los relinchos de los caballos y el clamor de los heridos. El escritor, en cambio, narra la batalla una vez concluida, cuando la furia y el ruido han cesado y ya no hay polvo ni cenizas en el aire y sí un cómputo oficial de heridos y muertos y un vencedor y un vencido, y con un poco de suerte ya es posible descifrar, incluso, el sentido de la batalla en el devenir de la guerra. El periodista y el escritor no se oponen: se complementan. Ambos buscan la verdad, pero la verdad que buscan es distinta; el periodista busca la verdad concreta, inmediata, factual: qué ocurrió exactamente en Waterloo o en Borodino; el escritor busca una verdad huidiza, abstracta o genérica, universal (que en la ficción se conoce como verosimilitud): qué sentido tienen Waterloo o Borodino en la historia, qué las iguala, a ellas y a sus protagonistas, a todas las batallas y a todos los protagonistas de todas las guerras. Por supuesto, dos semanas y media casi nunca es tiempo suficiente para que una batalla concluya, o para hacerse cargo de su significado, pero sí para observarla con una distancia de la que carece el periodista. Añadiré que, precisamente porque, lejos de oponerse, el periodista y el escritor se complementan, algunas de sus mejores virtudes son distintas, si no antitéticas.

Menciono una. Oscar Wilde le contó en cierta ocasión a su amigo Robert H. Sherard que se había pasado el día entero corrigiendo un poema. «Por la mañana, le quité una coma», añadió. «Por la tarde, se la volví a poner». Como debe contar la batalla mientras sucede, el periodista está obligado a escribir con rapidez (y más ahora, cuando los periódicos no se publican a diario, sino que se actualizan a cada instante); no así el escritor. Tampoco el columnista, o como mínimo el columnista de *El País Semanal*. Yo escribo y reescribo mis artículos hasta la extenuación, con la misma tozudez obsesiva con que escribo y reescribo cada párrafo o cada frase de mis novelas, hasta que todos tienen la forma y la extensión convenidas –entre cuatro mil doscientos y cuatro mil doscientos diez caracteres sin espacios: ni uno más, ni uno menos–, como si en vez de escribir un artículo estuviera escribiendo un soneto. No fue Oscar Wilde sino Paul Valéry quien observó que los poemas no se acaban: se abandonan; lo mismo me ocurre a mí con los artículos: ningún escritor digno de tal nombre publica nada que no sea lo mejor que en cada momento es capaz de escribir, nada de lo que piense que puede arrepentirse, aunque todo escritor sepa o sospeche que tarde o temprano acabará arrepintiéndose de lo que publicó, o al menos del noventa y nueve por ciento de lo que publicó: siempre queda la esperanza improbable de que el uno por ciento restante le justifique como escritor. También fue Valéry quien anotó que a un escritor se le reconoce antes por lo que arroja a la papelera que por lo que publica; por mi parte, guardo varios libros acabados en el cajón, y he escrito muchos artículos que nunca publicaré. Ese es otro lujo que tal vez no puede permitirse un periodista.

8

No soy periodista, pero me han concedido algunos premios de periodismo. No soy periodista, así que, cada vez que recibo un premio de periodismo, digo que no soy periodista y que me siento un impostor. Hay quien piensa que lo digo por humildad; no es cierto: la humildad sale a cuenta, pero yo soy mucho menos humilde de lo que me gustaría. No soy periodista: no he estudiado la carrera de periodismo, nunca he trabajado en la redacción de un periódico, nunca he sido corresponsal y carezco de las virtudes propias de un periodista, entre ellas la de contar las cosas que pasan en el momento en que pasan. En Waterloo me extraviaría, no entendería nada, no vería nada: como Fabrizio del Dongo, si en medio del ruido y la furia me cruzase con Napoleón, ni siquiera acertaría a reconocerlo.

No soy periodista, de modo que apenas he pisado la redacción central de *El País*, en la calle Miguel Yuste de Madrid; de hecho, que yo recuerde, no he estado allí más de tres o cuatro veces, siempre para hablar en actos públicos con lectores o futuros periodistas, o para ser entrevistado. Una de esas ocasiones la aproveché para curiosear por el periódico y ver cómo se prepara y se fabrica, pero nunca he asistido a ninguna reunión formal. No tengo trato asiduo con periodistas, ni con directivos, ni con articulistas de *El País*; ni siquiera trato telefónico: a los editores de *El País Semanal* me limito a mandarles cada dos semanas mi columna por correo, y ellos se limitan a publicarla; a muchos ni siquiera les he estrechado la mano, no sé ni qué cara tienen. Todo esto puede parecer extraño, sobre todo si se recuerda que hace más de veinticinco años que escribo en *El País*, pero así es. Una vez, un periodista que ya no trabajaba en la redacción de su periódico me dijo que cada semana se pasaba por ella, «para saber qué es lo que piensa la gente». Quizá por eso he sido yo tan reacio a visitar la redacción de *El País*: una redacción es un mundo, y no me parece tan fácil escuchar lo que todo el mundo dice sin acabar diciendo lo que todo el mundo espera escuchar (es decir: sin acabar pensando por cuenta ajena). Quizá la expresión «intelectual colectivo» sea después de todo un oxímoron, una contradicción en los términos; o quizá mi individualismo patológico me incapacita para entenderla. Quizá en este punto también yo esté equivocado. Quizá por eso tampoco soy periodista.

No soy periodista, pero una vez escribí una crónica deportiva; una crónica de verdad, quiero decir: de esas que se redactan a toda prisa, de un momento para otro, de un día para otro.

Fue en diciembre del año 2000, en vísperas de la final de la Copa Davis que el equipo español de tenis masculino disputaba contra Australia en Barcelona. Alguien del periódico se enteró de que yo era aficionado al tenis y me propuso asistir a los entrenamientos y escribir sobre ellos; como no soy un aficionado al tenis sino un perturbado del tenis, acepté. Me acompañó Manel Serras, un veterano periodista deportivo, bonachón y bigotudo: él haría la modesta crónica profesional; yo, la complementaria, la estelar, la de escritor (aunque por entonces a mí como escritor no me conocía nadie). Los entrenamientos se celebraban en el Palau Sant Jordi, donde al día siguiente tendría lugar el evento. No disfruté en absoluto viéndolos: estaba demasiado angustiado tomando notas para escribir mi artículo; mientras tanto, Serras paseaba su cachaza por el pabellón con las manos en los bolsillos, contemplando las evoluciones de los tenistas en la cancha y riéndose y conversando a diestra y siniestra. Luego fuimos a comer con sus colegas, que me obsequiaron con un máster gratuito sobre los entresijos de la final de la Davis entre paellas, risotadas y jarras de cerveza; pero tampoco fui capaz de deleitarme con el banquete: estaba demasiado preocupado tratando de poner orden mental en las notas que había tomado e imaginando cómo redactarlas. De haber sido por Serras, el almuerzo se hubiera dilatado hasta el atardecer, pero a eso de las cuatro conseguí arrastrar al periodista hasta la redacción, donde me pasé las cuatro horas siguientes sufriendo con mi artículo, quitando y poniendo desesperadamente comas, hasta que al final, a eso de las ocho, lo entregué, exhausto. Cuando fui a despedirme de Serras, este aún no había empezado a escribir el suyo; entonces asistí boquiabierto a un espectáculo asombroso: armado de su pachorra y su sonrisa, Serras se sentó frente a un ordenador y, sin consultar una sola nota, atusándose de vez en cuando el bigote, en cosa de quince minutos escribió su texto. El resultado fue humillante: en el periódico del día siguiente mi crónica me pareció torpe y apelmazada, un amasijo de obviedades sin gracia; la de Serras, en cambio, era elegante y luminosa, saturada de sabiduría tenística y observaciones pertinentes. «Eso es un periodista», pensé.

No soy periodista, pero una vez escribí una crónica cultural.

Fue seis meses más tarde, en julio de 2000, cuando la editorial Anagrama reunió en Londres, con motivo del trigésimo aniversario de su fundación, a los mejores escritores ingleses de su cuadra (Ishiguro, Amis, McEwan, Barnes, Seth, Kureishi) y a algún norteamericano (Robert Coover). El periódico me propuso escribir al respecto; acepté: por el placer de ir a Londres y sentirme un periodista, pero también por el de conocer a aquellos escritores que llevaba años leyendo. La fiesta se organizó en casa de Koukla y Christopher Maclehose, quienes más tarde se convertirían en mis editores ingleses, y cuentan que fue magnífica, pero yo no me enteré: estaba demasiado angustiado tomando notas sin parar en mi libreta; además, la abandoné muy pronto: estaba demasiado preocupado por la crónica que debía escribir. La despaché en mi hotel, durante varias horas de pasión, desesperadamente quitando y poniendo comas, y la dicté por teléfono a la mañana siguiente, como si yo fuera Walter Matthau en *Primera plana*. El resultado fue una vez más deplorable: se titulaba, lo recuerdo, «El estadio de Wimbledon» –por el torneo de tenis, pero también por la preciosa novela de Daniele Del Giudice, también publicada en Anagrama–, y era otro amasijo de obviedades sin gracia, torpe y apelmazado. Con aprensión leí aquel mismo día la crónica de la fiesta publicada en *La Vanguardia* por Rafael Ramos; en efecto: era elegante y luminosa, llena de sabiduría literaria y observaciones pertinentes. «Eso es un periodista», volví a pensar.

No soy un periodista, pero una vez entrevisté a Emmanuel Macron, presidente de la República francesa. Ocurrió una tarde de enero de 2023, en el palacio del Elíseo. Dos días después, cuando el texto de la entrevista apareció a toda página en la portada de *El País*, y la filmación en la web, me felicitó más gente que cuando me concedieron el Premio Nacional de Literatura. Fue mi mayor éxito periodístico, pero no lo entendí, y sigo sin entenderlo, cosa que demuestra que no soy un periodista. La razón es que a mis ojos de escritor el mérito de esa entrevista (o lo que fuese) no fue mío: fue de Emmanuel Macron.

Aquel mismo mes yo había recibido un correo electrónico de la embajada francesa en Madrid en el cual me explicaban que el presidente de la República visitaría a finales de enero Barcelona, donde iba a celebrar una cumbre hispano-francesa con el presidente español, Pedro Sánchez; también explicaban que Macron era un seguidor de mis libros (aquí añadían unas palabras tan amables como irreproducibles) y que tenía mucho interés en tomar un café conmigo. Al terminar de leer el correo me acordé de Jules Renard, que escribió: «Cuando alguien me hace un elogio no necesita repetírmelo dos veces: lo entiendo a la primera»; asimismo, pensé que, aunque tengo por costumbre mantenerme a una distancia prudencial de los políticos (sobre todo, de los políticos españoles), no podía causarme un daño irreparable conversar un rato con el presidente francés.

Acepté la invitación. Pocos días más tarde me llamó por teléfono Pepa Bueno, en aquella época directora de *El País*: se había enterado por Jordi Gracia, jefe de Opinión del periódico, de que iba a encontrarme con el presidente francés en Barcelona. «Macron no concede entrevistas exclusivas a medios extranjeros», me explicó. «Creo que, desde que es presidente, solo ha concedido una a *The*

Economist, su medio de referencia. Pero, si le proponemos convertir vuestra conversación en una entrevista, seguro que acepta». «Lo siento, Pepa», le dije, acordándome de Manel Serras y de Rafael Ramos. «No he hecho una entrevista en mi vida: si hago esta, será un desastre». «No será un desastre», replicó Pepa. «Ni siquiera será una entrevista; solo será una conversación: tú hablarás de lo que quieras y él te contestará lo que le dé la gana; se trata simplemente de convertir en público un diálogo privado. Nada más». No soy eso que suele llamarse un hombre de convicciones inamovibles, y Pepa Bueno puede ser muy persuasiva cuando se lo propone, así que también acabé aceptando.

La conversación tuvo lugar el 17 de enero, días antes de la cumbre franco-española, en el despacho de Macron, que es el del presidente de la República francesa desde que lo inauguró el general De Gaulle. La presenciaron un equipo de televisión destacado por *El País* para filmarla y el corresponsal del periódico en París, Marc Bassets; también una parte de la infinidad de asesores, edecanes, consejeros y ministros que rodea de continuo al presidente: para no resignarme al lugar común, no diré que el despacho de Macron pareció por momentos el camarote de los hermanos Marx, pero la verdad es que no he visto nada más parecido en mi vida. El presidente resultó ser un tipo juvenil, simpático y cercano. Desde hace años le persigue una fama pertinaz de soberbio (Júpiter, lo llaman algunos; otros, inevitablemente, lo tildan de aspirante a Napoleón), pero puedo asegurar que yo he tratado a alcaldes de pueblos de quinientos habitantes más soberbios que él. Mientras parte de su corte lo asediaba, como preparándolo para el evento, pensé en la omnipotencia virtual del máximo mandatario francés y en su condición flagrante de monarca republicano, y me dije: «Esto sí que es un rey, y no el nuestro».

La entrevista fue mucho más larga de lo previsto. Recuerdo que, mientras dialogábamos, ni por un segundo pude quitarme de la cabeza, como si de un zumbido de fondo o una carcoma mental se tratara, la evidencia de que aquel tipo tan culto, educado y agradable, que con tanta amabilidad respondía a mis preguntas, era una de las nueve únicas personas en el mundo que podían ordenar la detonación inmediata de una bomba atómica. Hablamos sobre todo de la unión de Europa y de la guerra de Ucrania; apenas hablamos de literatura, pero las últimas palabras que pronunció mi interlocutor, o las últimas que aparecieron publicadas en el periódico, fueron: «La literatura es lo único que importa».* Cuando las cámaras dejaron de grabar, nos quedamos conversando un rato en el despacho; Macron me mostró algunos libros que tenía pendientes de leer, o que tal vez estaba leyendo (recuerdo una antología de poemas de la Resistencia francesa, por ejemplo), y al final me emplazó a volver a vernos en Barcelona. «¿En Barcelona?», repetí. Respondió a mi pregunta con otra pregunta: «Hemos quedado a tomar un café en Barcelona, ¿no?». La cumbre hispano-francesa estaba prevista para dos días más tarde; pensé que íbamos a acabar hartos el uno del otro. «Claro», dije, sin embargo. «Nos vemos en Barcelona».

La historia de aquella peripecia periodística termina aquí, o más bien al cabo de dos días, cuando la conversación se publicó en *El País*, editada por Marc Bassets y transformada en una entrevista de verdad; pero sus consecuencias no terminaron allí. Dos días después me encontré de nuevo con Macron en el Museo Picasso de Barcelona, justo tras la famosa cumbre; en un salón del Museo tomamos un largo café a solas y finalmente hablamos

* La frase fue muy criticada en Francia, donde algunos la consideraron una frivolidad, pero mi amigo el novelista mexicano Jordi Soler escribió: «Me la voy a estampar en una camiseta».

de literatura. Un par de semanas más tarde volvimos a vernos, otra vez en el Elíseo, donde el presidente había organizado una cena a la que también asistieron Juan Carlos I y Mario Vargas Llosa: los tres estábamos en París para asistir a la ceremonia de ingreso del novelista peruano en la Académie Française. «Más que una cena fue un seminario donde el alumno se llamaba Macron», me dijeron que dijo más tarde el viejo rey, que por entonces ya se había convertido en un personaje shakespeariano y llevaba varios años de exilio voluntario en Abu Dabi. Aquella cena a cuatro se prolongó durante más de tres horas, a lo largo de las cuales Macron preguntó y escuchó mucho más de lo que habló; luego, como si yo fuera un periodista, me pasé la madrugada entera transcribiendo palabra por palabra, en la habitación de mi hotel, cuanto se había dicho en el Elíseo, con la certeza febril de que acababa de asistir a una noche única y de que lo que estaba apuntando era muchísimo más interesante que el diálogo con Macron publicado días atrás en el periódico. No sé si la demostración definitiva de que no soy un periodista es que no publiqué de inmediato ese texto; la demostración de que soy un escritor es que algún día, cuando Waterloo y Borodino hayan terminado y ya no se oigan descargas de fusilería ni relinchos de caballos ni clamor de heridos y no quede furia ni ruido ni polvo ni cenizas en el aire, le daré su forma final y lo publicaré. A veces lo imagino como una obra dramática, o como un relato en cuyo centro brilla un drama protagonizado por cuatro personajes, o por tres personajes y un testigo. Sin duda se titulará «Una cena en el Elíseo».

9

Quien me abrió las puertas de *El País Semanal* fue Álex Martínez Roig, que a principios de siglo dirigía ese suplemento. Solo lo conocía de sus crónicas sobre tenis, pero un día me llamó por teléfono y me propuso empezar a escribir una columna para él. Yo acababa de reunir en un libro los textos que se habían ido publicando en «La Crónica», y desde tiempo atrás sentía que esa experiencia había tocado a su fin y que, si seguía escribiendo crónicas, no iba a hacer más que repetirme, con el riesgo consiguiente de terminar convertido en una caricatura de mí mismo; en otras palabras: sentía que, si escribir aquellas crónicas había sido un éxito, porque me había resultado literariamente muy útil, continuar escribiéndolas era un fracaso, porque ya había obtenido de ellas todo lo que podían darme. Lo que me habían dado era *Sol-*

dados de Salamina, un experimento que en gran parte era el resultado de lo que había aprendido en «La Crónica», o que como mínimo yo no podía concebir sin ella.

Martínez Roig acababa de leer *Soldados de Salamina* y por eso me proponía escribir en el suplemento dominical. «No sé», le respondí, tras agradecerle la propuesta. «Yo escribo en la edición de Cataluña, aunque la verdad es que ya casi no escribo. Además, nunca he escrito una columna». «Lo de Cataluña se acabó», dijo Martínez Roig, como si supiese mucho mejor que yo lo que debía hacer en el futuro. «Ahora te tienen que leer en toda España. Y escribir una columna no es tan distinto de escribir una crónica». «A mí me lo parece», repliqué. «No lo es», insistió él. «En realidad, es más fácil. Para escribir una crónica necesitas tener un tema, salir a la calle, tomar notas, qué sé yo; para escribir una columna, en cambio, no necesitas nada, salvo ganas de escribir: una columna trata sobre lo que te apetece y se escribe como te apetece. En realidad, escribir una columna es como invitar a un montón de gente a tu casa». Nunca en mi vida he oído o leído una definición mejor de lo que es una columna, y nunca en estos veinticinco años me he sentado a escribir la mía sin recordarla. «Piénsalo», concluyó Martínez Roig.

Lo pensé. Más aún, lo consulté con algunos colegas –con Ignacio Vidal-Folch, con Marcos Giralt Torrente, tal vez con algún otro–, y acabé probándolo. Al contrario de lo que me había ocurrido con «La Crónica», de entrada el experimento no me gustó. «Escribir cada semana una columna en *El País* es pasar un examen cada semana», me advirtió alguien en aquella época; yo solo escribía cada dos semanas, pero me dije que llevaba razón. No me divertía escribiendo aquellas columnas, no me gustaba lo que escribía, no daba ni con el tono ni con la forma de escribirlas, no descubría nada nuevo escribiéndolas. Muchas veces pensé en dejarlo; varias veces le anuncié a Martínez Roig que lo dejaba (una de ellas, según me contó él mismo años más tarde, justo tras la muerte prematura de Roberto Bolaño, que quizá me afectó más de lo que recuerdo); a trancas y barrancas continué, gracias a la insistencia de Martínez Roig. Hasta que en algún momento, no sé cuándo ni por qué, empecé a notarme más cómodo, más suelto, tal vez menos abrumado por la responsabilidad, más en casa; en algún momento sentí, como había sentido desde el principio en «La Crónica», que me estaba adentrando en un territorio nuevo, que la columna engendraba poco a poco un escritor distinto en mí, que me permitía pensar y escribir cosas que nunca había escrito ni pensado, cosas que ni siquiera sabía que sabía, o que solo sabía que sabía precisamente porque las escribía en la columna. Era una sensación nueva, anómala, agradable y estimulante, que enseguida se volvió adictiva. Nunca he dejado de experimentarla desde entonces.

Esa es la primera razón por la que escribo columnas: por el placer exento de escribirlas, por el agrado persistente de invitar a un montón de personas a mi casa cada dos domingos y de, encima, cobrar por invitarlas.* La segunda razón la explicó mejor que nadie García Márquez: cuando estás sumergido en una novela, escribir una columna es un suplicio, porque cada cierto tiempo tienes la obligación de emerger, escribir la columna y volver a zambullirte en la novela; cuando no estás escribiendo una novela, en

* La única contraindicación es que la convocatoria no incluye el diálogo: jamás leo los comentarios a mis artículos en la edición digital del periódico, ni por supuesto los que multiplican las redes sociales, donde no entro salvo por curiosidad antropológica o por causas de fuerza mayor; sé que así me pierdo observaciones atinadas e inteligentes, pero también que me ahorro la bilis del odiador, ese ectoplasma que internet y las redes sociales han convertido en ubicuo. Me sigue pareciendo una profilaxis necesaria. Hemingway no leía nunca las críticas de sus libros, porque, «si te crees las buenas, también tienes que creerte las malas».

cambio, la columna es una bendición, porque es un ejercicio reiterado que mantiene al escritor en forma, igual que ir al gimnasio o (esto no lo dijo García Márquez: lo digo yo, que desde hace años escribo muchas columnas durante mis carreras matinales) igual que salir a correr a diario. Todo escritor conoce una ley sin excepciones integrada por un solo artículo, de acuerdo con el cual la literatura es la amante más exigente: abandónala seis meses y ella te abandonará toda la vida.

Hay una tercera razón por la que escribo columnas; tal vez sea más tolerable que las anteriores, porque es menos interesada (o lo parece). Milan Kundera argumentó que un novelista no debe intervenir en el debate público, expresando sus puntos de vista políticos; la razón es sencilla: lo mejor que un novelista tiene que decir –lo más profundo, complejo, rico y matizado– lo dice en sus novelas; sus opiniones políticas, en cambio, pueden ser atinadas o desatinadas, pero son solo eso: opiniones. Y el problema es que, si un novelista participa con ellas en el debate público –no digamos si el debate es candente–, sus novelas, que son lo mejor que tiene, pasan de inmediato a ser juzgadas a la luz de sus opiniones, que son lo peor o casi lo peor, o lo más anodino. El resultado es el empobrecimiento y la simplificación de las novelas; el resultado es que lo contingente o aleatorio –las opiniones del novelista– ocupa el primer plano, mientras que lo esencial –sus novelas– pasa al segundo, oscurecido, esquilmado y distorsionado por lo anterior; el resultado no es solo perjudicial para el novelista, sino también para la sociedad, que pierde lo mejor que el novelista puede dar.

Kundera lleva razón, pero no toda la razón. Porque resulta que, además de novelista, el novelista es un ciudadano y tiene exactamente los mismos deberes y derechos que el resto de los ciudadanos. No hay que cansarse de repetirlo: «política» viene de *polis*, que en griego antiguo significaba más o menos «ciudad», y la ciudad es de todos, incluidos los escritores; y «democracia» significa en griego «poder del pueblo», y el pueblo somos todos, incluidos los escritores. Nos guste o no, la política es demasiado importante para dejarla en manos de los políticos: la política es cosa de todos. La ilusión romántica del artista semidivino, situado por encima del bien y del mal, ajeno a las cuitas de los simples humanos, es solo eso: una ilusión, por no decir una majadería; el artista no es un ser excepcional, sino una persona de carne y hueso; lo excepcional no es lo que es: si acaso, es lo que hace. «¡Quién pudiera vivir en una torre de marfil!», escribió Gustave Flaubert, prototipo del artista puro, cultor del Arte por el Arte, habitante por antonomasia de su torre de marfil. Todo novelista vive en una torre de marfil, por supuesto, pero solo mientras escribe sus novelas; en cuanto deja de escribirlas, baja de la torre y se reintegra, como uno más, en la sociedad a la que pertenece. El novelista es un novelista, pero también es un ciudadano.

La dicotomía es ineludible, y no resulta fácil gestionarla sin estropicios, porque ambos personajes no son solo disímiles: en casi todos los sentidos, son opuestos. La herramienta de conocimiento esencial del novelista es la ironía, entendida tal y como la entendió a fines del siglo XVIII August Wilhelm von Schlegel: como «la forma de la paradoja». Don Quijote está loco, pero al mismo tiempo está cuerdo; don Quijote debería estar ingresado en un sanatorio psiquiátrico, pero al mismo tiempo es un hombre inteligentísimo, capaz de discurrir con la máxima lucidez sobre los asuntos más complejos, desde la justicia hasta la filosofía o la literatura. Eso es la ironía. Don Quijote es un personaje cómico, risible, pero al mismo tiempo es un personaje heroico, el «rey de los hidalgos, señor de los tristes», que cantó Rubén Darío. Eso es la ironía: esa contradicción irresoluble, esa ambigüedad central. Todo en el *Quijote* funciona así; esas son las verdades de las novelas: verdades ambiguas, contradictorias, bífidas, poliédricas. Por eso escribió Thomas Mann que las novelas no dicen ni Sí ni No, sino Sí y No al mismo tiempo: don Quijote está loco y no está loco, es risible y es heroico. Por eso el novelista no debe tomar partido: su obligación consiste en mantenerse siempre, respecto al mundo de sus novelas, distante e imparcial, «como un dios que se lima las uñas», por usar la imagen de James Joyce.

Hablo del novelista como novelista, claro está; como ciudadano –es decir, como articulista; es decir, como eso que antes se llamaba intelectual y ya no sabemos cómo llamar–, todo cambia. Por supuesto que el intelectual o el articulista –el novelista en cuanto ciudadano– debería mostrar en sus artículos o intervenciones públicas todas las ambigüedades, contradicciones y matices de los asuntos que aborda: de hecho, sería deseable que la mayor parte de su trabajo consistiera precisamente en eso; pero es imposible que en algún momento no se sienta obligado –ante una guerra, ante una injusticia palmaria, ante una falsedad flagrante– a tomar partido. El novelista nunca debe decir ni Sí ni No, pero tarde o temprano el articulista debe hacerlo. Por eso decía que el novelista y el articulista, o el columnista, son personajes no solo distintos sino antagónicos; y por eso es tan difícil que ambos convivan en armonía dentro de la misma persona. En realidad, esa convivencia adopta o debería adoptar la forma de un combate sin cuartel; un combate del que, por el bien de ambos personajes, ninguno de los dos debe salir victorioso. Si el columnista vence al novelista, catástrofe: casi inevitablemente, sus novelas acabarán degenerando en ilustraciones o vindicaciones de las certidumbres del ciudadano, en propaganda o pedagogía, que es lo contrario de la literatura; pero, si el novelista vence al columnista, catástrofe también: equidistante entre las víctimas y los verdugos, entre la justicia y la injusticia, entre la verdad y la mentira, el columnista se inclinará en la práctica del lado de los verdugos, de la injusticia y de la mentira, transformado en uno de aquellos «ignavi» a quienes Dante condenaba al rincón más abyecto de su infierno, en uno de aquellos tibios que, en tiempos de crisis moral, son incapaces de tomar partido. Así que esos dos personajes contrapuestos deben vivir en guerra permanente dentro de la misma persona: el columnista, tratando de cumplir con sus obligaciones y respaldar sus convicciones como cualquier hijo de vecino, como cualquier ciudadano; el novelista, tratando de socavarlas, de someterlas a un test de resistencia y ponerlas en cuestión con el fin de verificar su validez. Después de todo, ahí radica la función disruptiva de la literatura; para eso sirve: para introducir el caos en el orden. Para mostrar que ese orden es un orden falso o caduco. Para buscar un orden nuevo, más lícito y más veraz.*

* Otra razón por la que escribo columnas es que estas pueden convertirse, según apunté más arriba, en un doble y paralelo laboratorio: por un lado, un laboratorio de ideas que aparecen y reaparecen de formas diversas, adaptándose una y otra vez a cada columna, con formulaciones cambiantes, con citas o ideas que se reiteran o varían, igual que si fueran pensamiento en ebullición; por otro lado –como intenté explicar a propósito de «La Crónica» y su influencia en la génesis de *Soldados de Salamina*–, un laboratorio de formas narrativas e historias: casi todas mis novelas han surgido de columnas o han hecho en alguna columna sus primeras armas. Hay en mi caso un ir y venir permanente entre el periódico y los libros, entre las columnas y las novelas o los ensayos: las novelas y los ensayos se alimentan de las columnas y, a la inversa, las columnas se alimentan de los ensayos y las novelas. La distancia que media entre el periodismo y la literatura es un hecho, pero eso no significa que literatura y periodismo no posean elementos en común: sobra decir que, a diferencia de la novela, el periodismo no tolera la ficción, pero periodismo y novela son o pueden ser literatura en la medida en que ambos son escritura, y uno y otro pueden y acaso deben enriquecerse mutuamente.

10

Lo llevo oyendo desde que empecé a leer el periódico: *El País* ya no es lo que era. Lo han dicho antiguos colaboradores exiliados, que tal vez atribuyen a su exilio el declive del periódico; pero también lo dicen lectores que empezaron a frecuentar el periódico hace veinte o treinta o cuarenta años, o medio siglo. *El País* ya no es lo que era. Puede ser: pese a que siga siendo el periódico más leído e influyente de nuestra lengua, es posible que *El País* haya ido siempre a peor desde su eclosión en la España de hace medio siglo. Puede ser: no existen medidores objetivos de calidad periodística. Pero también podría ser otra cosa, y es que esa frase fuera una variante del «cualquiera tiempo pasado fue mejor» que suele atribuirse a Jorge Manrique. Naturalmente, es falso que Manrique dijera tal cosa. Manrique fue un gran poeta, y los grandes poetas nunca dicen tonterías: lo que en realidad dijo Manrique es «cómo a nuestro parescer / cualquiera tiempo pasado / fue mejor»; esto es: no dijo que todo tiempo pasado fue mejor, sino que nos lo parece.

Eso también podría ser: que el lamento de que *El País* ya no es lo que era sea un espejismo de la nostalgia o de la vanidad. De hecho, eso es lo que yo he sentido cada vez que en los últimos años he vuelto a las páginas del periódico primitivo, o al de la década de los ochenta; en tales ocasiones mi impresión ha sido siempre la misma: siempre he sentido que *El País* actual es superior al de entonces, que los periodistas escriben mejor y que están mejor informados. Lógico, si bien se mira: no es solo que el periodismo de hoy sea superior al de entonces y que sus profesionales posean una formación más sólida que los de entonces; es que, directa o indirectamente, los periodistas de *El País* de hoy son discípulos de los de *El País* originario y, como dice un proverbio hindú, si el discípulo no supera al maestro, el maestro es malo. Análoga consideración vale para los articulistas: no creo que Vargas Llosa se avergonzase de Juan Gabriel Vásquez, Leila Guerriero o Leonardo Padura, ni Javier Pradera de Víctor Lapuente, Máriam Martínez-Bascuñán o Jordi Amat, ni Umbral de Ignacio

Peyró, Elvira Lindo o Muñoz Molina, ni Savater o Miguel Ángel Aguilar de Daniel Gascón, Ana Iris Simón o Diego S. Garrocho, ni Cueto o Verdú de David Trueba o Sergio del Molino o Marta Peirano, ni Vicent de Vicent, Millás de Millás o Rosa Montero de Rosa Montero. Tampoco creo que Carlos Boyero o Javier Ocaña tengan nada que envidiar a los primeros críticos cinematográficos de *El País* (Jesús y Ángel Fernández Santos), ni que, como críticos literarios, Jordi Gracia y Domingo Ródenas sean inferiores a Rafael Conte o Miguel García-Posada.

No: *El País* que empezamos a leer hace casi cincuenta años no es mejor que el que hemos leído esta mañana, pero nosotros somos más viejos, menos acríticos y más capaces de detectar los yerros, servidumbres o flaquezas que, como cualquier periódico, contiene a diario. Esa es la explicación más verosímil de que, más de una vez, nosotros también nos hayamos dicho que *El País* ya no es lo que era.

11

Me asombra que algunos me consideren un novelista político. El malentendido, creo, se debe a mis columnas, o a mis artículos; aunque tampoco me siento un columnista político: soy, todo lo más, un columnista que de vez en cuando escribe sobre política o sobre eso que en España se llama política y que suele coincidir con lo que los norteamericanos llaman *politics* (el arte de llegar al poder y permanecer en él) y no con lo que llaman *policy* (el arte de usarlo).

Lo cierto es que tardé bastante tiempo en empezar a escribir sobre política. No fui un adolescente ni un joven politizado; tenía trece años cuando murió Franco, así que llegué tarde al antifranquismo (también, por lo tanto, al comunismo, que fue casi la única forma relevante de antifranquismo), jamás he militado en un partido político, ni en un sindicato, ni formo parte de ninguna asociación, y padezco de una alergia casi insuperable a las multitudes, lo que me vuelve alérgico a las manifestaciones. No es que de joven no me interesase la política; al contrario: me interesaba mucho, pero de una manera especulativa o teórica, en todo caso libresca; como a casi toda la gente de mi edad, me interesaban más la literatura, el cine, la filosofía, las drogas y el rocanrol, y, como tanta gente de mi edad, desconfiaba de los escritores que incurren en la política o hablan demasiado sobre ella, y abominaba de la figura del intelectual y de la llamada literatura comprometida, que para mí venía a ser sinónimo de mala literatura con buenas intenciones, pedestre, propagandística y pedagógica. En mi ignorancia, creía que mis ídolos (Borges, Kafka) habían ignorado la política, y hubiera preferido que mis maestros (Vargas Llosa, García Márquez, Cortázar, Cabrera Infante) se hubieran mantenido más alejados de ella. Tal vez esto explique que, en las crónicas de «La Crónica», la política brille por su ausencia, igual que en mis primeras columnas de *El País Semanal*: al menos en mi recuerdo, en esos textos inaugurales se hablaba de todo, desde mi madre hasta Ringo Starr, pasando por un excombatiente de Vietnam con quien trabé amistad durante mis años de Illinois y a quien convertí más tarde en modelo del protagonista de una de mis novelas; de todo, salvo de política.

No lo he verificado, pero mi impresión es que empecé a derogar esa salvedad con la crisis de 2008. Creemos que nuestro destino es único, pero quizá no hacemos más que vivir lo que otros han vivido, aunque siempre lo vivamos de un modo distinto; creemos que la historia no se repite, pero quizá no hace más que repetirse, aunque siempre lo haga con máscaras diversas. No hay duda de que la crisis de 2008 solo es equiparable, en dimensión, profundidad y alcance, a la crisis de 1929, que, igual que la de 2008, arrancó siendo económica y acabó siendo política; y, así como la crisis de 1929 provocó en gran parte de Europa la consolidación o el ascenso al poder del fascismo (y en definitiva la Segunda Guerra Mundial, que fue el remate apocalíptico de la crisis), la de 2008 ha provocado en gran parte de Europa la consolidación o el ascenso del nacionalpopulismo, que no es fascismo sino una máscara o una versión del fascismo, acaso más peligrosa que él (aprendimos cómo funciona el fascismo y, por tanto, cómo combatirlo; pero el nacionalpopulismo todavía no ha mostrado su rostro verdadero: por eso sigue operativo mientras escribo estas líneas, y su peligro, intacto). No sabemos cómo terminará esta crisis; lo que sí sabemos es que, desde su mismo estallido, amenazó con llevarse por delante tantas o casi tantas cosas como la del 29. También sabemos otra cosa. Antes de 1929, muchos escritores militaban en un apoliticismo programático: surfeando la gran ola antirromántica, elitista y deshumanizadora que Ortega describió en 1925, desconfiaban de los escritores politizados y mantenían la cosa pública a una distancia recelosa; pero después de 1929, mientras las divisiones ideológicas ensombrecían y polarizaban una Europa que se pertrechaba para la guerra, muchos se enrolaron en partidos y movimientos políticos y, cuando por fin llegó la hecatombe, algunos tomaron las armas.

Hoy, casi un siglo después, una Europa ensombrecida y polarizada vuelve a pertrecharse para la guerra. Todos o casi todos confiamos en evitar esta vez lo peor, pero el caso es que en los últimos años muchos escritores de mi edad, que de jóvenes ejercían o posaban de apolíticos, han acabado aceptando que la política también es cosa suya, y no solo de los políticos. En esto, como en casi todo, yo no he sido una excepción. Quiero decir que, a raíz del seísmo planetario de 2008, empezó a parecerme cada vez más raro seguir hablando exclusivamente en mi columna de mi madre y de Ringo Starr mientras a mi alrededor el mundo parecía coquetear con el colapso: baste recordar que, en la segunda década del siglo, el euro por momentos se tambaleaba y, si el euro se tambaleaba, la Unión Europea se tambaleaba, y si la Unión Europea se tambaleaba... En fin: la moneda europea aguantó, pero la crisis siguió su curso imprevisible y la política invadió mis columnas al mismo ritmo que invadía mi vida cotidiana, más o menos como la de todos. La invasión se volvió atosigante con la revuelta secesionista en Cataluña, kafkianamente conocida como el Procés, que fue la réplica más aguda del terremoto de 2008 y, hasta la aparición de Vox –a su vez réplica españolista de la réplica catalanista–, la manifestación más ponzoñosa del nacionalpopulismo en España.

Yo sitúo su inicio personal más o menos cuando se produjo su inicio colectivo. Septiembre de 2012. Ya se atisbaba el subidón secesionista y mi editor decidió organizar el lanzamiento de mi último libro en el Ayuntamiento de Gerona, reserva espiritual y política del secesionismo y ciudad donde crecí y donde transcurría la acción de la novela. Había tenido la amabilidad de cedernos un salón de la alcaldía su alcalde de entonces, Carles Puigdemont, que aquel día quiso presentar el libro. El acto transcurrió sin tropiezos, hasta que a preguntas de los periodistas declaré que yo no era secesionista y que no me parecía buena la idea de separar Cataluña del resto de España. Junto con otras declaraciones semejantes, esa frase inofensiva copó al día siguiente los titulares de las entrevistas y crónicas periodísticas, y a partir de aquel momento empezaron a ocurrir cosas raras: no me refiero a que, para disgusto de mi editor, la novela desapareciera virtualmente de las entrevistas promocionales que concedí; dada mi torpeza, o mi candidez, esa omisión era esperable. Lo raro fue que, con ocasión de un clásico Barça-Madrid, los periodistas dieran por descontado que yo, un barcelonista laico, era hincha del Madrid, o que en una emisora de radio me recibieran al grito de «¡Aquí llega el catalán que no es independentista!», o que *El Periódico de Catalunya* publicara en portada una encuesta donde se aseguraba que el diez por ciento de los votantes del PP –por entonces el partido más españolista de España– también era favorable a la secesión. Pronto comprendí que estaba viviendo un fenómeno que no había vivido nunca y que nunca imaginé que viviría, pese a que copiaba con una máscara distinta otro ocurrido en la Europa de los años veinte, cuando el totalitarismo crecía por doquier: Pierre Vilar lo denominó «unanimismo» y lo definió como una ilusión de unanimidad creada por el temor a expresar la disidencia.

Fue exactamente lo que ocurrió en Cataluña durante el Procés, pero sobre todo al principio del Procés: no hay más que recordar que, aunque los medios de comunicación y el espacio público catalán estuvieron a lo largo de aquellos años casi monopolizados por el secesionismo, este nunca obtuvo más del cincuenta por ciento de los votos en las sucesivas elecciones al Parlamento autonómico. En cuanto a mí, hice lo posible por usar mi columna de *El País* para razonar mi perplejidad y mis discrepancias y para argumentar con el máximo respeto y educación, conteniendo hasta donde pude mi querencia por la ironía, reprimiendo los sarcasmos e ignorando las toneladas de cursilería y delirio que abrumaron el movimiento, para tratar de no herir a quienes buscaba que me escuchasen. Con la perspectiva del tiempo, salta a la vista que esa búsqueda fue una ingenuidad, un error provocado por un cálculo sin fundamento: el de que aquellos secesionistas, o aquellos catalanistas reconvertidos en secesionistas, que me conocían desde siempre porque había vivido desde siempre entre ellos, escucharían a un catalán como yo, que consideraba como propias la lengua, la cultura y las instituciones de gobierno catalanas y abogaba sin rodeos por su prosperidad, que se había ocupado de aprender catalán cuando no se enseñaba en la escuela, que había estudiado en la universidad la cultura y la literatura catalanas, que había traducido al castellano a autores catalanes, que había crecido como escritor en el humus de la literatura en catalán y que hablaba catalán como un catalán, y además lo hablaba hasta en la cama.

El fracaso fue desde el principio apoteósico. Recuerdo un artículo muy temprano titulado «Democracia y derecho a decidir» donde me limitaba a señalar una obviedad, y es que esa expresión que copaba el debate político era un despropósito: primero, porque el llamado «derecho a decidir» no existe en ningún ordenamiento jurídico; y, segundo, porque no puede existir, dado que la expresión es una aberración lingüística: «decidir» es un verbo transitivo; en democracia, tenemos derecho a decidir cosas concretas, pero no tenemos derecho a decidir en abstracto, lo que nos da la gana. Es verdad que el llamado «derecho a decidir» también era un trampantojo, el eufemismo que, sobre todo al principio del Procés, usaron los políticos e intelectuales secesionistas para no tener que apelar al «derecho de autodeterminación» –tal vez conscientes de que este último es un derecho inexistente en democracia y de que ninguna Constitución democrática lo recoge–; no es menos verdad que su defensa constituía el pilar básico del secesionismo y que en consecuencia mi artículo se consideró un ataque en toda regla contra él, un torpedo en su línea de flotación: lo era, desde luego, pero es que la gramática y el derecho tienen sus reglas (y no me explico que ningún escritor ni ningún lingüista, ni siquiera ningún jurista, hubiera reparado en ellas; falso: sí me lo explico). Sea como sea, en medio de la fiebre emocional y el unanimismo reinantes, la constatación de esa obviedad jurídico-lingüística fue considerada por muchos como una agresión, y causó un revuelo mediático considerable. Llegaron otros, y no solo mediáticos, que no consignaré aquí para no adentrarme en la crónica negra, Mossos d'Esquadra incluidos. Por aquella época empecé a recordar a menudo los prudentes consejos de Milan Kundera y me maldije por escribir una columna bimensual en *El País*, sobre todo a medida que quienes más me querían me preguntaban, de manera más enfática con cada nuevo escándalo, por qué los políticos y los periodistas, que se ganaban su vida con estas cosas, no las hacían, y por qué tenía que hacerlas yo, que estaba perdiendo la mía. Mi respuesta más habitual (o más melancólica) fue: «Es que no sé no hacerlo»; pero la mejor me la dio mi amigo Sergi Pàmies. Este, después de soportar con paciencia una sobremesa alcohólica durante la cual no paré de lamentarme por mi conducta, sentenció con su sabiduría granítica de hijo de comunistas de acero: «Si no lo hubieras hecho, sufrirías mucho más de lo que estás sufriendo».

Caigo en la cuenta ahora de que, lejos de ser contradictorias, ambas respuestas son complementarias (si es que no son la misma). Como todo el mundo, un escritor está obligado en su vida cotidiana a no mentir, pero no siempre está obligado a decir la verdad; de hecho, diga lo que diga Kant, hay ocasiones extremas en que incluso mentir es tolerable. Pero, cuando escribe, un escritor solo puede decir la verdad o lo que entiende que es la verdad; de lo contrario, deja de ser escritor, se prostituye y se degrada, se busca la ruina como escritor, y ese es un riesgo que ningún escritor en su sano juicio está dispuesto a correr: comparado con él, el precio de figurar en todas las listas negras de sus convecinos resulta irrisorio... En fin, no puedo decir que admiro a los escritores que durante aquella época tenebrosa no hicieron el ridículo como yo, porque en determinadas circunstancias no me parece admirable callar o hacerse el sueco; pero mentiría si no reconociera que más de una vez los envidié. Tampoco puedo decir que me arrepienta de lo que hice: en realidad, es una de las pocas cosas que no me arrepiento de haber hecho. De todos modos, es posible que, si no hubiera tenido la obligación de escribir cada dos semanas una columna en *El País*, no hubiera hecho lo que hice. Visto así –y no sé de qué otra manera puede verse–, la culpa de todo la tuvo *El País*.

12

En un libro titulado *La figura del mundo*, Juan Villoro recuerda que, cuando dirigía el suplemento literario del periódico mexicano *La Jornada*, contaba como colaborador con Octavio Paz, que le decía: «Me encanta escribir en un periódico cuya línea editorial no comparto». Yo no he conocido ese encanto. Llegué tarde al comunismo, pero no al anarquismo postsetentayochista; más o menos desde los veinte años, sin embargo, soy en lo esencial partidario del socialismo democrático (digo «en lo esencial» porque cada día me parece más evidente que, sin el impulso de participación popular que animaba al anarquismo, el socialismo democrático se agosta). La razón no es teórica sino práctica, tangible, y es que décadas de políticas socialdemócratas han creado en el norte de Europa las sociedades más prósperas, igualitarias y libres del mundo, o simplemente de la historia; esa es mi aspiración inmediata: vivir en una Noruega del sur, con sol y tapas (e integrada en una Europa federal).

Creo que esa ha sido también la aspiración política fundamental de *El País* a lo largo de su historia, y por ese motivo el periódico ha ocupado en la prensa española –lo dije al principio– un lugar semejante al que en el último medio siglo ha venido ocupando en la política española el PSOE: el lugar de la socialdemocracia. Dicho esto, no puede extrañar que *El País* haya estado más próximo a los gobiernos de izquierda de los tres presidentes socialistas (Felipe González, José Luis Rodríguez Zapatero y Pedro Sánchez) que a los gobiernos de los dos presidentes conservadores (José María Aznar y Mariano Rajoy); tampoco es extraño que, cada vez que un nuevo presidente socialista accede al poder, a *El País* –lo dije también al principio– se le acuse de ser un periódico gubernamental. El 9 de julio de 1985, cuando Felipe González ya llevaba tres años al frente del Gobierno, Emilio Romero, un periodista de larga trayectoria en el franquismo y de ideas recalcitrantemente conservadoras, que solo muy al principio colaboró alguna vez en *El País*, refutaba con un razonamiento elemental esa acusación en el diario derechista *Ya*: «No es un periódico gubernamental

[*El País*], sino que está en la izquierda y será siempre más propicio y más próximo a un Gobierno con identidad de izquierdas, como ocurre en estos momentos, que a un Gobierno de la derecha». Dos años después, cuando las acusaciones contra el diario arreciaban, Romero era todavía más taxativo en «La Crónica»: «El gubernamentalismo [*sic*] como acusación contra ese periódico es una sandez [...]. En estos momentos, *El País* está sosteniendo una posición crítica respecto al socialismo, que en ocasiones es dura e implacable».

Solo hace falta revisar un poco las páginas del diario para comprobar que el viejo periodista no exageraba, y que sus palabras valen, con todas las variantes y matices que se quiera, para los cincuenta años del periódico, durante los cuales los vaivenes políticos e ideológicos de su línea editorial han sido menos relevantes que las continuidades.* No otra

* Entre 2014 y 2018, mientras dirigía *El País* Antonio Caño, el periódico se opuso de manera rotunda a la intentona secesionista que vivió Cataluña. He escuchado a veces, sobre todo en Cataluña, que aquel fue el momento en que más se desvió el periódico de su línea histórica; yo lo dudo: no creo que, de nuevo con todas las variantes y matices que se quiera, ningún director de *El País* hubiera sido menos claro en la condena de aquella violación flagrante del Estado de derecho.

cosa ocurre con las instituciones que vertebran una sociedad: *El País* dirigido por Juan Luis Cebrián acogió en 1982 con entusiasmo apenas reprimido a Felipe González, y en los años subsiguientes avaló muchas de sus políticas, pero al final de su mandato le recriminó sin medias tintas el terrorismo de Estado y la corrupción; en 2004 *El País* de Jesús Ceberio recibió esperanzado a José Luis Rodríguez Zapatero, pero el de Javier Moreno censuró con aspereza su mala gestión de la crisis de 2008; *El País* de Soledad Gallego-Díaz y el de Pepa Bueno (así como el segundo de Javier Moreno, que efímeramente regresó a la dirección entre 2020 y 2021) vigilaron sin hostilidad el primer mandato de Pedro Sánchez, pero años atrás, el 28 de septiembre de 2016, tras varios reveses electorales autonómicos consecutivos y una serie de decisiones desacertadas en los órganos de gobierno del PSOE, un editorial de *El País* de Antonio Caño tachó al entonces secretario general del PSOE y futuro presidente del Gobierno de «insensato sin escrúpulos». No cabe duda de que en algunos momentos las críticas del periódico al Partido Socialista –o a la izquierda en general– debieron ser más incisivas de lo que fueron, o el marcaje más estrecho: es justo reprocharle por ejemplo a *El País* que, en los años finales de Felipe González, no estuviera en la vanguardia de las investigaciones sobre el terrorismo de Estado o la corrupción, pero no se le puede reprochar que no los condenase de forma inequívoca. Tampoco se le puede reprochar que, fuera cual fuese su línea editorial, no tolerase la discrepancia respecto a ella de sus colaboradores; no solo la toleró: a veces, la fomentó. Debería ser lo habitual en los periódicos, que a su vez deberían erigirse en espacios de controversia; hasta donde alcanzo, no suelen serlo, sobre todo los periódicos españoles.

Dos de los asuntos más divisivos durante los últimos cincuenta años de política española fueron el referéndum sobre la OTAN, de 1986, y los indultos y la amnistía a los políticos catalanes presos o fugados tras la algarada secesionista de 2017. En ambas ocasiones *El País* acabó suscribiendo la posición de los respectivos gobiernos socialistas, que promovían tanto la consulta como las llamadas medidas de gracia: en el primer caso, el periódico lo hizo de manera implícita, apenas velada; en el segundo, de manera explícita. Pero ni en una ni en otra ocasión respaldó al Gobierno de manera acrítica o sumisa, sin introducir distingos y salvedades ni superar muchas dudas, desasosiegos e indecisiones; tampoco, y sobre todo, sin abrir sus páginas a un debate que se agrió por momentos y que, en el caso del referéndum, terminó con la renuncia del primer jefe de Opinión y figura capital en la historia del periódico: Javier Pradera.

Solo viví el referéndum de la OTAN como lector de *El País*, pero los indultos y la amnistía los viví como colaborador, así que recuerdo muy bien algunas cosas. Recuerdo por ejemplo que, en junio de 2021, cuando el Gobierno de Pedro Sánchez estaba a punto de aprobar los indultos, el periódico hizo algo insólito: publicó una doble página sobre la medida inminente, a un lado de la cual podía leerse un artículo contra ella, firmado por Fernando Savater, y al otro un artículo a favor, firmado por mí. Recuerdo también que en julio de 2023, días antes de unas elecciones generales que, según todos los sondeos, Pedro Sánchez iba a perder, entregué un artículo titulado «Por qué pienso votar a Pedro Sánchez», y que dos meses después, cuando el propio Sánchez empezó a promover una amnistía para los secesionistas porque su partido había perdido los comicios y necesitaba los votos de los propios secesionistas a fin de formar Gobierno, publiqué un artículo titulado «No habrá amnistía» en el que reclamaba al presidente que no hiciera lo que durante seis años completos y hasta justo antes de las elecciones había negado en redondo que haría, y lo reclamaba entre otras razones porque, tal y como se planteaba, la medida me parecía no solo un trueque políticamente dañino y moralmente odioso de poder por impunidad (es decir: una autoamnistía), sino sobre todo porque a mi juicio era lo contrario del indulto: con el indulto la democracia había perdonado a los condenados secesionistas (y por eso yo había escrito a su favor), mientras que con la amnistía les pedía perdón. La tarde en que mandé ese artículo al periódico, el jefe de Opinión, Javier Rodríguez Marcos, me llamó de inmediato: «Se publica mañana», me anunció. «La redacción está dividida, todos tenemos dudas, y la directora quiere que en el periódico haya debate». No recuerdo artículos a favor y en contra de la amnistía publicados en un mismo periódico (con más o menos convicción o claridad, la inmensa mayoría de los columnistas se alineó con las posturas de sus diarios respectivos), pero en *El País* recuerdo muchos artículos a favor y muchos en contra, algunos de estos últimos tan bien razonados, contundentes y persuasivos como los de Tomás de la Quadra-Salcedo, Pedro Cruz Villalón, Adela Cortina o Fernando Vallespín. Al final el punto de vista del periódico fue el que fue y, aunque yo todavía no he encontrado razones suficientes para cambiar el mío y hasta la Comisión Europea lo avale –no así el Tribunal Constitucional–, tal vez quien acertaba no era yo, sino el periódico, cuyo criterio apenas distaba, por lo demás, del de un medio tan poco sospechoso de simpatías sanchistas como *The Economist*, que consideró la amnistía como «un riesgo que merece la pena correr»... En fin: en el fragor de la pelea periodística, entre el ruido y la furia y el polvo del presente, se ha dicho que *El País* dirigido por Pepa Bueno ha sido el más próximo a un gobierno socialista. No lo sé. Es absurdo negar que, como cualquier periódico, *El País* ha cometido errores en este medio siglo;* pero no creo que, a la vista de lo anterior, pueda sostenerse que *El País* de los últimos años ha sido un periódico gubernamental, o que lo ha sido más de lo que lo fue con los gobiernos de González o Zapatero (o no creo que sostenerlo sea más que «una sandez», por usar las palabras de Emilio Romero). La pretensión de que *El País* ha sido más sanchis-

* Tal vez el más sonado fuera la publicación, el 21 de enero de 2013, de una fotografía falsa facilitada por la agencia española Gtres Online que mostraba supuestamente al presidente venezolano, Hugo Chávez, intubado en una cama de hospital durante el tratamiento de una grave enfermedad en Cuba. En favor del periódico debe decirse que el engaño apenas permaneció media hora en su página web y que la dirección rectificó de inmediato, pidió disculpas y retiró de los quioscos los ejemplares con la imagen fraudulenta.

ta que felipista o zapaterista no resiste el contraste con la hemeroteca. Solo tengo constancia de un artículo publicado en el periódico donde se abogaba por la dimisión de González: lo escribió Javier Pradera y se titulaba «El espíritu de la letra» (29-10-1995);* también me consta un editorial de Javier Moreno en el que se pedía la dimisión de Zapatero («Fin de ciclo», 18-7-2011); pero recuerdo dos artículos, publicados ya bajo la dirección de Jan Martínez Ahrens, donde se reclamaba la dimisión de Sánchez: el primero, de Víctor Lapuente, lo hacía de forma implícita, aunque clara («Sánchez o PSOE», 14-6-2023); el segundo lo hacía de manera inequívoca, apareció en primera página y lo recuerdo aún mejor porque fui yo quien lo firmó («La mayor victoria de Pedro Sánchez», 30-6-2023).** Es un detalle, pero no es un

* Al artículo de Pradera podría añadirse un editorial titulado «Final de etapa» (13-1-1995), donde se pueden leer cosas como esta: «Existe la impresión de que el modelo de gobierno que González ha llevado a cabo durante los últimos doce años ha tocado a su fin [...]. Es preciso abrir una nueva etapa en la vida del país y es más que probable que el agotamiento de Felipe González no le permita seguir desempeñando el papel estelar que él mismo se atribuye».

** Una vez redactadas estas páginas, leo otro artículo, este de Fernando Vallespín, que exige la dimisión del presidente: «Vicios ordinarios», 14-12-2023.

detalle baladí. Por lo demás, algunos veteranos de *El País*, como Manuel Vicent, aseguran que no es que *El País* sea del PSOE; es que el PSOE es de *El País*. La *boutade* refleja un hecho indiscutible: antes que ser el periódico más leído e influyente de nuestra lengua, *El País* es el periódico más leído e influyente entre los votantes del PSOE, o entre los de izquierdas. Esto significa por supuesto que el PSOE tiene el máximo interés en controlar *El País*, porque sabe o sospecha que sin el favor de *El País* no puede gobernar, y que *El País* tiene el máximo interés en mantener a raya al PSOE, porque, sin mantener a raya al PSOE –y al poder en general–, no puede ser un periódico. Esa pugna de intereses opuestos forma parte de las reglas del juego democrático.

13

¿Son de verdad los periódicos espacios ideales de controversia? ¿Deberían serlo?

Dicen que una norma no escrita de *El País* recomienda evitar las polémicas o debates entre colaboradores. Como no soy periodista y no frecuento periodistas ni redacciones, ignoro si esa norma rige en todos los periódicos, o al menos en los periódicos españoles. Lo único que puedo decir es que, si rige en *El País*, yo no me he enterado de ella, no hasta hace poco, cuando ya era demasiado tarde para respetarla; o quizá es que no me he querido enterar. El caso es que, apenas unos meses después de que empezase a escribir en el periódico, cuando aún escribía crónicas en la edición de Cataluña, me enzarcé en una polémica sobre el nacionalismo con Joan B. Culla, historiador y colaborador semanal del periódico. Fue solo el principio. A lo largo de los años he escrito bastantes artículos parecidos, en los que traté de argumentar mis diferencias con otros colaboradores acerca de los asuntos más dispares: con Vargas Llosa sobre el papel de los gobiernos en la promoción del español, con Javier Pradera sobre la Transición, con Vicente Verdú sobre la vigencia de la novela, con José María Ridao sobre Cervantes, con José Ignacio Wert y con Joaquín Leguina sobre la Guerra Civil, con Muñoz Molina y Almudena Grandes sobre las novelas de Galdós. Seguro que olvido nombres y asuntos; tampoco computo las respuestas puntuales a alusiones directas a mis artículos o novelas por parte de otros articulistas (José Ovejero, José María Ruiz Soroa, Víctor Lapuente). Este inventario puede llamar a engaño: no tengo la más mínima vocación de polemista; al mismo tiempo, quizá me haya pasado la vida polemizando, de forma implícita o explícita, con periodistas y colaboradores de *El País*: tal vez así, leyéndolos a diario, reflexionando sobre lo leído, intentando asimilarlo o discutirlo o refutarlo, se ha forjado parte importante de lo que pienso sobre literatura, sobre política, sobre la vida. No tengo vocación de polemista, no; pero no conozco mejor forma de pensar que confrontar las ideas propias con las de otros, ni manera más placentera y provechosa de hacerlo que por escrito. Nunca nadie en el periódico intentó curarme de mi vicio; al contrario: todos parecieron encantados de que lo padeciera (de lo cual se sigue que tal vez la famosa norma no escrita no existe). Soy consciente, sin embargo, de que, como todas las adicciones, la mía no carece de inconvenientes (de lo cual se sigue que tal vez la norma no escrita sí existe). El principal es que muchas personas no distinguen la discrepancia intelectual de la agresión personal; esta indistinción calamitosa se da en todas partes, porque los seres humanos no diferimos en lo básico, pero es muy probable que la sólida tradición española de intolerancia la favorezca: al fin y al cabo, la tolerancia consiste en no confundir un error intelectual con un error moral. Yo pude equivocarme combatiendo la amnistía de los líderes secesionistas, pero eso no me convierte a la fuerza en un sádico vengativo o en un sicario a sueldo de la oposición conservadora; usted pudo equivocarse defendiendo la amnistía, pero eso no lo convierte a la fuerza en un criptosecesionista o en un sicario a sueldo del Gobierno: simplemente, los dos tenemos opiniones distintas acerca de cómo salir del laberinto secesionista... Esta forma mínima de *fair play* me parece la primera regla de la civilización, o por lo menos del debate civilizado, y es justo recordar que, exista o no la famosa norma no escrita, durante estos cincuenta años las páginas de *El País* no han escaseado en discusiones o polémicas, unas más civilizadas que otras; en mi memoria han quedado varias: la que a principios de 1983 mantuvieron Savater y Alfonso Sastre a propósito de ETA o las que mantuvo Vargas Llosa con Mario Benedetti, Günter Grass y Manuel Vicent –la primera, de 1984, sobre el papel del intelectual en Latinoamérica; la segunda, de 1986, sobre la democracia en Latinoamérica; la tercera, de 1999, sobre la guerra de Irak–; también la que en 1998 enfrentó a Pedro Laín Entralgo y Juan Ferraté a propósito del bilingüismo en Cataluña o la que tres años antes y a propósito de la violencia en el cine habían sostenido Javier Marías y Muñoz Molina con la excusa de *Pulp Fiction*, la película de Quentin Tarantino.

¿Son los periódicos espacios ideales de controversia? Es lo que yo sentí desde que empecé a leer periódicos; ahora, cuando internet y las redes sociales han cambiado los periódicos –y tantas otras cosas–, lo siento todavía con más fuerza. Es cierto que, a la hora de dar noticias, internet y las redes sociales son mucho menos fiables que un buen periódico, pero también es cierto que pueden contar la batalla de Waterloo o la de Borodino con tanta rapidez como cualquier periódico, o más; no la contarán igual, por supuesto –no disponen de especialistas adiestrados en ver y oír entre el caos indescifrable del polvo, las descargas de la fusilería, los relinchos de los caballos y el clamor de los heridos–, pero pueden contarla. Eso saben hacerlo. Lo que les cuesta mucho más trabajo hacer, suponiendo que sepan hacerlo, es reflexionar sobre la batalla y discernir su sentido en la guerra, porque internet y las redes sociales habitan una realidad acelerada donde nadie aguarda a que la batalla concluya y el polvo se pose en el suelo y permita contabilizar las bajas: todo el mundo ha salido ya de estampida a contar la siguiente escaramuza, presentada por supuesto como un nuevo Waterloo o Borodino. No soy periodista, pero sí un viejo lector de periódicos, y yo creo que esa capacidad de discernimiento mediante la reflexión y la controversia –la capacidad de entregarnos los instrumentos necesarios para que cada uno dé un sentido posible a lo que ocurre– constituye ahora mismo la fortaleza principal de los periódicos, y una de las razones por las que hoy los necesitamos más que nunca.

14

Por supuesto: el PSOE tiene el máximo interés en controlar *El País* y *El País* tiene el máximo interés en mantener a raya al PSOE. Y quien dice al PSOE dice al poder político, empresarial o de cualquier índole. Son las reglas del juego democrático, de las que se deriva una pregunta básica: ¿es *El País* un periódico independiente? ¿Existen los medios de comunicación independientes o puede decirse sobre esa clase de medios lo mismo que sobre los fantasmas: que todo el mundo habla de ellos, pero nadie los ha visto?

Hace unos años, durante la presentación de una película de Steven Spielberg, un joven periodista le preguntó a Harrison Ford cuándo pensaba volver a protagonizar una película independiente. Al veterano actor estadounidense se le escapó su sonrisa inconfundible de Indiana Jones. «Mire, hijo», contestó. «En esto del cine no hay nadie más independiente que Steven Spielberg. Todos los demás cineastas dependen de montones de cosas; él, en cambio, solo depende de sí mismo. O casi. Créame: la independencia completa no existe». Nadie debería olvidar esas palabras valerosas, sin excluir a los periodistas y los escritores. Lo dije al principio: la independencia es el bien más preciado de un periódico; añado ahora que la independencia de un periódico es ante todo económica: un periódico que no es independiente económicamente no puede ser independiente; se dirá que un periódico que no es independiente no es un periódico, y que la expresión «periódico independiente» es un pleonasmo; concedido, pero eso no invalida mi argumento. Como la de un cineasta o un escritor, la independencia de un periódico está subordinada al dinero que gana: cada vez que pagamos por ver una película o por leer un libro o un periódico, le estamos entregando un poquito de independencia al cineasta, al escritor o al periodista que lo elaboró. Mi impresión, sin embargo, es que la independencia del escritor es menos costosa que la del cineasta o el periodista: el escritor puede escribir lo que le dé la gana sin menoscabo, o sin más menoscabo que el tolerable de que nadie o casi nadie le lea;

por no ir muy lejos, es lo que hice yo hasta que, más o menos a mis cuarenta años, los lectores de mis libros empezaron a obsequiarme con la libertad que antes me ganaba enseñando en la universidad. El cineasta o el periodista carece de esa suerte: por puras razones crematísticas, es mucho más difícil rodar una película sin espectadores o fabricar un periódico sin lectores.

También la relación del escritor con el poder se me antoja más sencilla. Un escritor puede vivir alejado de él; de hecho, me parece una opción tan saludable que yo he procurado atenerme a ella. Nunca rechacé hablar con un político que quisiera hablar conmigo, porque, en democracia, un político no es solo un político, sino también el representante de quienes lo eligieron, y por lo tanto un trozo de soberanía popular;* pero no tengo amigos políticos,

* Miento: en una ocasión, hacia 2002 o 2003, el entonces presidente del Gobierno, José María Aznar, me invitó a comer o cenar en el palacio de la Moncloa. Mi sintonía con el personaje y con sus ideas era limitada, pero acepté: por lo dicho más arriba y porque parece difícil que, por muy torpe o ignaro que sea, un presidente del Gobierno no tenga nada interesante que contar. Pero, a medida que se acercaba la fecha acordada y me llegaban los nombres de los convocados a la cita, me dio cada vez más pereza asistir a ella, hasta que acabé eludiéndola con la excusa de

apenas conozco políticos y siempre los he intentado mantener a distancia. No porque desconfíe de la política, sino por todo lo contrario: porque, tal y como yo la entiendo, la política consiste en confiar en las instituciones y en desconfiar de quienes las dirigen; o, si se prefiere, porque sigo siendo fiel al lema revolucionario de Sieyès: «¡Viva la ley; abajo la autoridad!».

La relación de un periodista con el poder político, en cambio, es a la fuerza más compleja, más ardua y más incómoda. Schopenhauer escribió que los seres humanos son como los erizos: si se acercan demasiado se hieren con sus púas; pero, si se alejan demasiado, se mueren de frío. Algo parecido les ocurre a los periodistas con los políticos: deben acercarse al máximo a ellos para obtener o contrastar información, para controlarlos, para obstaculizar su tendencia irrefrenable a adueñarse de todo, a colonizarlo todo; pero, al mismo tiempo, deben alejarlos al máximo para que no se adueñen también de ellos, para que no los colonicen a ellos, para que influyan en ellos lo menos posible. En ese

---

que debía tomar parte en una reunión de antiguos maquis en Santa Cruz de Moya, Cuenca. A veces me arrepiento de haberlo hecho.

arduo equilibrio cotidiano se juega el periódico su autonomía y la democracia su destino. También en esto llevaba razón Harrison Ford: la independencia total no existe, pero hay que pelear a diario por ella.

15

¿Puede ser *El País* de los próximos cincuenta años lo que ha sido el de los últimos cincuenta? ¿Qué hacer para seguir siendo el periódico de la democracia?

Salta a la vista que *El País* de 2026 es muy distinto al de 1976: sus propietarios son distintos, su presidente es distinto, su director es distinto, sus periodistas y colaboradores son distintos, su modo de trabajar, de publicarse y de distribuirse es distinto, sus lectores son distintos. Todo en definitiva es distinto, salvo lo esencial: cincuenta años después de su fundación, *El País* continúa siendo un periódico progresista que apuesta por la democracia, por Europa y por la cultura como herramienta de liberación personal; por encima de todo es un periódico que cree que la verdad de los hechos existe, y que la misión del periodismo estriba en contarla.

¿Qué hacer para seguir siendo el periódico de la democracia?

No lo sé: si lo supiera, pediría que me nombraran de inmediato director de *El País*; pero no lo sé. Lo que sí sé es que, si yo fuera un periodista de *El País*, me levantaría cada mañana pensando que lleva razón el Evangelio cuando dice que la verdad hace hombres y mujeres libres, lo que significa que las mentiras hacen esclavos. Pensaría a diario que las mentiras son más letales que las bombas, y que, aunque a menudo nos parezca que hoy se dicen más mentiras que nunca, no es así: mentiras se han dicho siempre, y muchas, entre otras razones porque la mentira es el principal instrumento de hegemonía del que dispone el poder; lo que ocurre es que hoy, a causa de internet, de las redes sociales y de la inteligencia artificial –o más bien de nuestra incompetencia o nuestra falta de coraje para regularlos, usándolos en favor de la libertad y no de la esclavitud–, las mentiras poseen mayor poder de difusión que nunca y, por tanto, el descrédito de la verdad es mayor que nunca y el periodismo más necesario que nunca (aunque también más difícil: ya no basta con que los periódicos cuenten la verdad; además, deben desmontar las mentiras). Y pensaría también sin parar, si yo fuera un periodista de *El País*, que las peores mentiras, las más tóxicas e insidiosas, y las más difíciles de desmontar, no son las mentiras puras, impolutas, por entero desprovistas de verdad –esas son casi inofensivas, casi se desmontan solas–, sino las mentiras mezcladas con verdades, las que esconden un granito de verdad y tienen el sabor de la verdad: pensaría, en fin, que, como dije también al principio, las grandes mentiras se construyen con pequeñas verdades. Pensaría todo eso y lo pensaría a todas horas, o procuraría hacerlo, y me repetiría otra vez –una y otra vez– que el compromiso máximo del periodista es el compromiso con la verdad, aunque la verdad perjudique a sus ideas (si las perjudica, es que son malas ideas), y también procuraría tener presente siempre a George Orwell, que comprendió que «ver lo que tienes delante de los ojos exige un esfuerzo constante» y volvió a demostrar, un siglo después de Edgar Allan Poe, que la verdad más difícil de ver no es la que está escondida, sino la que se halla a la vista de todos y no sabemos o no queremos ver. Y trataría de recordar permanentemente, si yo fuera un periodista de *El País*, que la mentira ha demostrado ser el mejor aliado del nacionalpopulismo, que es la forma de autoritarismo que nos ha tocado en desgracia, y que los hitos principales del nacionalpopulismo –de Trump al Brexit o la invasión rusa de Ucrania, pasando por la crisis catalana de 2017– han estado precedidos y acompañados de auténticos diluvios de mentiras, y sobre todo intentaría no olvidar nunca que el énfasis en la verdad delata al mentiroso, como demuestra el hecho de que el político más mendaz de nuestro siglo sea el propietario de una red social llamada Truth, y el más mendaz del siglo pasado fuera otro paladín de la verdad, que en 1920 escribió: «Exigimos una campaña legal contra quienes propagan mentiras políticas deliberadas y las diseminan a través de la prensa». El primer político, sobra decirlo, se llama Donald Trump; el segundo, Adolf Hitler.

¿Qué hacer para seguir siendo el periódico de la democracia?

«Quien no está ocupado en nacer está ocupado en morir», dice un verso de Bob Dylan. Lo mismo ocurre con los periódicos: o están ocupados naciendo o están ocupados muriendo; o nacen a diario o mueren a diario. Esto significa que, como las personas, los periódicos solo son periódicos de veras si viven en tensión permanente, reinventándose de continuo, creando un nuevo diario a diario. En todo caso, si yo fuera periodista de *El País* procuraría pensar con frecuencia en Harrison Ford y en Steven Spielberg, en Waterloo y Borodino, me diría que, aunque basta recordar el franquismo para saber que los periódicos pueden sobrevivir a la democracia –por más que no sigan siendo exactamente periódicos–, lo que no puede sobrevivir a la democracia es el periódico de la democracia, porque está inextricablemente ligado a ella, y me acordaría sin parar de mi hermana Sofía y de su remota inocentada navideña, y me diría que, si alguna vez pierdo la ilusión por escribir en el periódico que tenía a mis treinta y tantos años, lo mejor es que deje de escribir en el periódico, porque una retirada a tiempo es una victoria. Y también me diría otra cosa, una última cosa. Me diría que, aunque la apuesta inicial de *El País* siga siendo válida, cincuenta años después de su fundación quizá es insuficiente: quizá, una vez ganada en gran parte aquella apuesta, hay que doblarla.

Me explico. *El País* nació para defender la democracia cuando la democracia no existía en España, pero, después de cincuenta años, salta a la vista que nuestra democracia, como la de la mayoría de los países occidentales, se ha depauperado, se ha vuelto insuficiente, superficial e incapaz, lo que explica en gran parte el progreso generalizado del autoritarismo; en otras palabras: la democracia necesita una renovación urgente, y la democracia solo puede renovarse con más democracia, con menos verticalidad y más horizontalidad, con menos poder de los partidos políticos y más intervención ciudadana en la gestión de lo público (de ahí que páginas atrás vindicase el impulso de participación democrática que animó a la tradición libertaria). Hace cincuenta años *El País* nació para integrar España en Europa, o más bien para reintegrarla y cumplir así el sueño alentado por los mejores españoles desde mediados del siglo XVIII; cincuenta años después –cuarenta desde el ingreso formal en el germen de la Unión Europea–, es evidente que la Europa confederal de hoy no da más de sí y que necesitamos una Europa federal, de veras unida en la diversidad, porque es la única que puede garantizar la paz, la prosperidad, la democracia y la relevancia del viejo continente en el mundo. Hace cincuenta años, *El País* promovió en los estertores del franquismo una cultura en libertad, y hoy, muerto y enterrado el franquismo, *El País* debería impulsar una cultura cincuenta veces más libre si cabe que aquella: más desprejuiciada, más iconoclasta, más antipuritana, más insumisa, más exigente. En cuanto al progresismo del periódico, si yo fuera periodista de *El País* procuraría recordar que ser de izquierdas no autoriza a ser sectario, ni dogmático, ni intelectualmente gandul, ni personalmente acomodaticio, y me tatuaría estas palabras de Groucho Marx: «Un izquierdista que no critica a la izquierda no es de izquierdas»; pensaría que, aunque la izquierda no es moralmente superior a la derecha –esa idea es el pasaporte ideal para los canallas–, debe aspirar a serlo, porque es inseparable de un compromiso ético: con la justicia social, con la igualdad de oportunidades, con el respaldo a los más débiles, con una actitud colectiva contra la dominación; y también pensaría que ética y política mantienen relaciones complejas, pero la izquierda no puede desvincularse de la ética, porque pierde su razón de ser, pensaría que el crecimiento del autoritarismo ha contagiado de cinismo a la izquierda, o a muchos izquierdistas, y que el cinismo le sienta fatal a la izquierda. Por eso pensaría que, cincuenta años después de la fundación de *El País*, casi cincuenta desde el restablecimiento de la democracia en España, a la izquierda le urge un revulsivo y quizá, antes que político, ese revulsivo debe ser moral: urge recoser el vínculo roto entre ética y política, abolir el prestigio pestilente del cinismo y devolverle a la política la limpieza y el idealismo que nunca debió perder (y que no están reñidos con su naturaleza pragmática). Y por encima de todo pensaría que un periódico no tiene ningún sentido si solo es un negocio, y que detrás de *El País*, sosteniéndolo y propulsándolo, debe haber un proyecto moral y político, un proyecto que, cincuenta años después de su fundación, tal vez podría relacionarse con estas palabras de Markus Gabriel que a los cínicos les parecerán ingenuas o sentimentales, pero a mí me parecen casi subversivas: «Hablar de amor, de paz, de amistad, de bondad, en serio, con convicción ética, es quizá el gesto más progresista que podemos hacer ahora mismo».

NOTA DEL AUTOR

Estas páginas están en deuda con diversos libros, pero sobre todo con *La historia de El País y del Grupo PRISA*, de María Cruz Seoane y Susana Sueiro, sin duda el mejor trabajo sobre el tema. También debo mencionar *Primera página*, de Juan Luis Cebrián, *Una memoria de El País*, de Juan Cruz, *Memorias líquidas*, de Enric González, *Javier Pradera o el poder de la izquierda*, de Jordi Gracia, y *El diario El País y la cultura de las élites durante la Transición*, de Luis Negró Acedo.